JN417891

우울함을 극복할 용기

저자 정(김)용자

우울함을 극복할 용기

희망을 갖는다

어느 곳에서나 우리들은 일상적인 생활속에서 많은 일들과 부딪치게 되고 그로 인해 스트레스를 겪는다.

지금까지 살아오면서 내가 제일 우울했던 시기는 델리 가게를 운영할 때였다.

그때의 얘기만 나오면 지금도 남자들이 군대 얘기에 흥분하듯이 나는 곧잘 흥분한다.

상가 거리에 있는 그리 크지 않은 델리가게에서 365일 내내 일하면서 겪어야 했던 수많은 우울했던 일들을 이 지구상에 사는 모든 사람들과 함께 이야기를 나누고 싶다.

그것이 이 글을 쓰게 된 동기이다.

장사를 하며 수시로 겪어야 하는 상황, 4~5명의 청년들이 서로 다르게 생긴 총을 들고 어느 때는 복면을 쓰고 또 어느 때는 맨 얼굴로 들어와서 함께 일하는 사람들의 등에, 옆구리에, 이마에, 가슴에, 총을 들이대고 돈을 내놓으라고 협박을 한다.

간담이 서늘해지는 공포와 불안, 두려움을 겪으면서 차차 웃음을 잃어 갔던 우울한 날들을 이겨 내기가 너무 힘들었다.

그로써 '만성 피로' '만성 스트레스'에 시달리면서 생각했다.

이와 비슷한 일들이 여러분들에게도 일어난다면 '어떻게 할까?' 무기로 협박하는 이 환경에서 우리가 이겨낼 수 있는 현명한 지혜는 무엇일까?

알고 당하는 것과 모르고 당하는 것은 큰 차이가 있다. 그때부터 나는 일과 공부를 함께 하였다.

장사를 하는 사람들이라면 나의 이야기가 수긍이 될 것이고, 그와 비슷한 일을 당한 사람은 이해할 수 있을 것이고, 반면에 모르는 사람들은 지혜를 얻게 될 것이다.

스트레스가 원인이 되어 우울함을 오래 지니게 되면 몸에서 나오는 호르몬 시스템이 깨지므로 모든 병의 근원이 된다.

지금 내가 이런 경험담을 지구상에 사는 모든 사람들에게 이야기할 수 있음을 너무 감사하게 생각한다.

하느님께서 나에게 이런 행운의 기회를 주고 있는 것 같다. 지금 내가 이곳에서 살아 있는 것도 행운이다.

전쟁 시기도 아닌데 겁을 주고 돈을 뺏는데도 아무 소리 못하고 당했던 억울한 그때를 나는 이 지구상에 있는 모든 사람에게 알리고 싶다.

그때 정신적, 육체적, 경제적으로 상처 입고 손해 본 인생을 누가 책임질 것인가?

고소장을 쓰고 싶다. 그러나 손해 배상을 누구에게 제출할 것인가?

누가 책임을 질 것인가 묻고 싶다. 그때 이웃 사람들이 죽었듯이 나도 총을 맞아 죽었으면 누군가는 운명이라 하겠지. 그리고 비웃으며 '누가 그곳에서 장사하랬어?'하고 외면하겠지.

지금은 어떤 환경이 나를 힘들게 하면 '그때보다는 백배 정도는 쉬운거야', '쓴 경험을 겪었거든'라고 말한다.

유명한 라이프 스타일 코치 잭 캔 필드는 '자신에 대한 인식과 인정이 있어야 더 높은 목표와 임무를 완수하는데 필요한 통찰력과 의식을 가질 수 있다.'고 한다.

'어느 순간 도로가 꽉 막히는 교통 체증의 답답함을 겪을 때, 그 상황을 인정하지 않고 스트레스를 받으면 혈압이 올라 간다.

그날의 해야 할 일을 할 수 없을 것 같다는 불안함에 안절부절 못하게 된다. 그럴 때는 별수 없다. 도로가 순조롭게 빠지기를 기다리는데 익숙해지는 것이다.'라고 말했듯이 상황을 당장 바꿀 수 없는 일이 생겼을 때는 아주 위험한 순간이 아니라면 그 현실을 받아 들이면서 그 다음에 생길 문제 해결에 초점을 둔다.

그러나 아주 위험한 상황에서는 '안전'을 중심으로 말과 행동을 해야 한다.

사막에서 살아 남을 수 있는 길은 '물'이 있어야 하듯이, 스트레스에서 이겨내기 위해서는 '세로토닌'이 필요하다.

그리고 극도의 고통에서 벗어날 수 있는 길은 '극복할 용기'와 '희망'의 끈을 놓지 않는 것이다.

이 책이 우울함을 극복할 용기를 얻고, 건강한 몸과 마음을 유지하면서 미래의 행복과 즐거운 삶을 이어 가는데 적으나마 도움이 되기를 바랄 뿐이다.

정 (김) 용자

• 차 례

제 2 장 도전할 용기를 갖는다

제 3 장 건강을 유지하며 면역력을 키운다

제 6 장 대화로 극복해 간다

제 7 장 좋은 습관으로 바꾼다

01장

자신의 있는 그대로를 **사랑한다**

- 마음의 문을 열고 사람들이 있는 곳으로 간다
- 우울함은 마음의 감기다
- 세로토닌이 부족해지면 우울증이 온다
- 슬픔의 고통은 추억으로 간직하고 기억하자
- 화나고, 분노하며 참을 수 없는 일이 생길 때
- 분노 조절을 잘하려면 억울함을 멈추어야 한다
- 싸움을 멈추려면 나 자신을 최대한 낮추고 자제한다
- 부정적인 현실이 자신의 삶의 전부는 아니다
- 감사하는 마음은 세로토닌 분비를 촉진한다
- 사람은 누구나 소중한 존재로 태어난다
- 이웃의 사랑이 필요한 외상 후 스트레스 장애인

마음의 문을 열고
사람들이 있는 곳으로 간다

새로운 환경에서 삶이 시작될 즈음에는 설레임, 호기심, 도전의 시작이라 생각하고 만반의 준비와 새로운 각오를 한다. 그러나 그 결심은 오래가지 않는다. 현실로 부딪치기 시작하면 설레임은 잠시이고 호기심은 두려움으로 도전은 눈물로 바뀌고, 수없이 시행착오를 겪으며 스트레스의 나날을 보내게 된다. 그러나 변화를 추구하고 새로운 환경에 도전하고 실천하며 스스로 자신을 위로하고 변명하며, 감정을 조절하고, 노력하고 기원하며 보다 나은 미래를 위해 살아간다.

"델리 가게에서 늘 아침 일찍 문을 열고 나서 커피를 내리고 빵 종류를 정리하며,구운 버터베이글 한 개와 커피 향기를 음미하며 하루를 시작한다. 바쁘게 시작하는 아침에 샌드위치 담당자가 늦게까지 출근을 안해 내가 손님을 위해 샌드위치를 만들고 있는데 갑자기 감각이 이상하다고 생각되어 손을 보니, 새끼 손가락이 델리머신에 베어 피가 주루룩 떨어진다. 살 껍데기만 베어졌는데도 피를 본 순간 너무 놀라서 내 정신이 정상이 아니다."

나는 무엇하나 능숙치 못하고 쉬운게 없는 것 같아 종일 마음이 우울하다.

자신감이 없어지고, 의기 소침해지고, 침울해진다. 이럴땐 마음의 변화가 필요하다.

내가 갖고 있는 이 환경에서 잠시 벗어나 사람이 많이 모이는 상가 거리를 구경하고 걸으면 그들과 대화를 하지 않아도 우울한 기분이 사라진다. 어느 때는 내가 잘 다니는 맨하탄에 있는 '메이시' 백화점 안으로 들어간다. 그곳은 언제나 사람이 많다. 화려한 조명 아래 구매 충동을 느끼게 하는 많은 물건들이 눈을 혼란스럽게 한다. 우선 제일 윗층으로 올라가 다시 내려 오면서 하나하나 구경한다.

특별히 필요한게 없을 때에도 종종 와서 구경을 한다. 그 곳에서 나는 '무엇이든 할 수 있다'는 의욕을 충전시키고 마음 안에 좋은 생각들로 가득 채워서 나온다.

앨릭스 코브는 '그저 사람들 속에 있는 것이 스트레스, 통증, 불안, 우울 증상을 줄이고 차분함과 행복감을 높여준다.'고 했다. '부정적인 생각들이 마음안에 쌓이기 전에 바로바로 풀어 버리는게 제일 중요하다.' 우리의 몸과 마음에 좋은 호르몬이 충분해지도록 바꾸어 놓고 내 일을 위한 자신감이 향상 되는 기분으로 만들어 간다.

헤겔이 '마음의 문을 여는 손잡이는 안쪽에만 달려있다.'고 말한 것처럼 안에 잠긴 우울한 감정의 문을 스스로 열고 나와 사람들과 함께 하며 어떤 문제가 생긴 이유, 잘못된 계획, 생각하지 못한 환경, 능력의 한계 등을 긍정적으로 해결해 나간다. 성공할 것이라는 가능성과 결과를 상상하면서 자신이 하고 있는 일에 능력을 키워 가는 것이다. 스스로 마음의 문을 열고 내 마음 안에 용기를 불어 넣어 주자. 내 마음 안에 좋은 생각들이 가득 채워져서 어떤 문제가 나를 힘들게 할지라도 이겨낼 수 있는 힘이 내게 넘치도록 끊임없이 자신과 대화하고 기도하자.

우울함은 마음의 감기다

일시적인 우울한 기분, 좌절감, 실망감, 고립감, 불안감, 피로감, 가슴이 답답해지고 두통이 생길 때, 그리고 여러가지 환경 요인으로 인한 스트레스는 마음의 병이 된다.

가벼운 우울함은 가족, 친지들과의 대화, 햇볕을 쐬며 걷기 운동, 그리고 야채, 과일, 규칙적인 식사를 하면 가벼운 우울 증세들이 사라지게 된다.

삶의 의지나 목표가 없이 그냥 마음이 공허해질 때는 과거가 아니고 미래가 아닌 즐거운 고민으로 지금 당장 할 일을 찾아본다. 몸의 움직임에 마음도 따라간다. 매일 식사하고 그릇을 닦아야 하는 것은 참으로 귀찮은 일이다. 그러나 원하고 필요한 일이 아니더라도 해야 할 일이다.

그릇을 유난히 깨끗하게 닦으면서 '빛이 나네' 나의 인생도 이렇게 빛이 나는 일은 없을까? 그러면 좋겠다. 우선 하고 싶은 일 중 한가지를 정해본다. 엉뚱해도 좋다.

빛이 날 일이 나에게는 없을 것이라는 부정적인 생각은 더 이상의 다른 발전의 끈을 막아 버리지만, 긍정적으로 생각하면 한가지 쯤은 결정이 만들어 진다.

목표가 생기면 그 일로 인해 살아야 할 이유가 생기고 실천해 보겠다는 즐거운 고민으로 바뀐다.

용기를 낼 수 있다는 내 자신이 뿌듯한 사랑으로 바뀌고 의욕이 생길 것이다.

불가능 할 것 같은 상황이 화를 낸다고 바뀌는 것은 아니다. 그로 인한 스트레스만 누적 될 뿐이다.

오늘은 세로토닌 결핍이 온 것인지 늘 즐거먹는 사과 맛이 유난히 시고 맛이 없다. 이제 그만 먹을까 생각하지만 먹는 즐거움을 유지하느냐 마느냐 하는 것은 순전히 나의 우울함의 문제이지 사과의 맛이 변한 것이 아니라는 것을 깨달아야 한다.

본인의 의지로 그 상황을 헤쳐 나가는 방법을 깨우칠 때까지 환경적인 요인들을 찾아내어 문제를 해결해야 할 것이다.

실패는 단점이 아니고 무능이 아니고 단지 경험 부족이다.

무기력 해지고 귀찮은 마음을 떨쳐 버리고 때로는 틀에 밖힌 직장일이 끝난 후 친구들을 만나 맛있는 식사를 하며 떠들고 노래방에 가서 소리를 지른다. 메아리는 없지만 속이 뻥뚤리는 신체 리듬을 느끼며 우울함, 외로움, 스트레스 등등 마음속의 모든 응어리들을 멀리 날려 버리자.

삶이 재미 있고, 즐겁고, 행복하고, 의욕이 넘칠 때까지 좋은 습관으로 만들어 가자.

사람이 일생 동안 우울증에 걸릴 확률은 약 15% 정도이며 여성이 남성 보다 발병 확율이 높다고 한다.

가벼운 우울함을 바로바로 긍정적으로 풀어내고 자신의 장점을 살려 자신감을 갖고 몸과 마음의 변화를 받아 들이고 태어난 생명을 소중히 아끼는 따뜻한 마음으로 문제를 극복해 나간다.

'우울증은 뇌의 세로토닌, 도파민, 노르에피네프린과 같은 신경 전달 물질이 불균형하게 나타나는 생물학적 원인이 있는 질병이다.'

'우울증의 원인은 유전적인 원인(세로토닌 이라는 신경 전달 물질 저하), 생물학적인 요인(신경을 전달하는 뇌속의 물질이 부족하여 뇌기능을 저하시키고, 감정에도 영향을 준다), 그리고 환경적인 요인(사랑하는 사람과의 이별, 경제적인 고민, 사업 실패, 사별, 이혼, 퇴직 등)이 작용을 한다.'

유전적인 원인, 신경 생물학적 요인은 해결할 수 없으나 환경적인 요인(사회적인 요인)은 해결이 가능하다. 그 원인을 찾아 개선하고 자존감을 바로 세우고, 주변 사람들과의 관계 회복 등으로 행동을 개선해 나간다.

'미 정신 의학 협회는 여러 해 동안의 연구 결과를 토대로 우울증 진단 지침을 만들었다. 우울한 감정이나 삶에 대한 흥미 상실 중 어느 하나에 식욕, 수면, 무기력, 초조, 불안, 집중력, 죄책감, 여러 신체 통증, 자살 충동 등 4가지 이상의 증상이 동반되어야 한다.

여기에 이러한 증상들이 매일 상당한 시간 동안 최소 2주 이상 지속되어 사회 생활, 가정생활, 직장 생활을 할 수 없는 경우를 우울증이라 정의했다.'

엘리자베스 워첼은 '우울증은 약물이 아니라 자기 스스로 갇힌 열쇠 없는 짐승의 우리에서 뛰쳐 나와야 벗어날 수 있다고 강조한다.

그러나 우울증 환자들은 그 우리에 갇힌채 자기 혐오에 빠져 지낸다. 심지어 그 외로움을 자신의 운명으로 까지 여기는 이율 배반에 빠진다.' 라고 했다. '우울증을 벗어나는데 결정적인 역할을 하는 것은 약물이 아니라 자신의 의지와 전문가를 포함한 주위의 도움이다.'라고 말했다.

우울증의 원인을 알고 그 원인을 해결해 나가는 방법은 자신에게 조여오는 마음의 문을 잠그지 말고 주변 환경에서 도움되는 것을 찾고 사람들과 어울릴 수 있는 용기와 본인의 의지가 절실히 필요하다.

세로토닌이 부족해지면 우울증이 온다

사람들은 나이가 들면 공기 좋고 물 맑은 전원 주택에 사는 것을 희망 한다.

이곳에서도 여건이 되면 후로리다로 이사를 간다. 생활하기 불편한 문제들도 많이 있겠지만 얻는 것이 더 중요하기 때문일 것이다.

자연 친화적인 삶을 살아가는 것은 가장 건강하고 행복하게 살아가는 길이라는 것을 누구나 알고 있다.

Paul K는 '자연으로 돌아가면 건강이 보인다. 햇볕은 천연 치료제이고, 생명이고, 우울증을 해결하는 놀라운 명약이다.'라고 했다.

밝은 햇볕은 세로토닌 생성을 돕는다. 하루 15분 내지 30분 햇볕을 쬐면서 산책 혹은 조깅을 하는 것이 좋다.

세로토닌은 우리의 건강에서 매우 중요한 역할을 하는 신경 전달 물질이다.

스트레스를 과도하게 받으면 세포의 손상이 많아지고 이에 따라

세로토닌의 기능이 저하된다.

세로토닌 레벨의 불균형이 오고, 세로토닌을 받아드리는 수용체 결핍으로 세로토닌 신경전달 물질은 우리의 심혈관, 근육, 그리고 기타 다른 신체의 체계에도 영향을 줄 수 있다.

세로토닌 저하는 졸음, 불면증, 적대적인 행동, 우울증, 불안장애, 패닉, 집착적인 장애, 강박 관념 증후군, 근심, 공포, 초과 분노, 기억력, 소화 기능 문제, 만성피로, 감정적 교감, 그리고 생체리듬의 유지를 방해한다.

앨릭스 코브는 '세로토닌이 좋은 습관을 만든다. 우리에게는 좋은 습관을 만들 힘이 있고, 좋은 습관은 우울증에서 벗어나게 할 힘이 있다.

달리기, 자전거 타기 같은 유산소 운동은 세로토닌을 끌어올리는데 가장 좋다. 행복하고, 즐겁고, 긍정적인 기억을 떠올리면 세로토닌을 증가시킨다.'라고 했다.

좋아할 수 있는 일을 찾아 활동하면서 스트레스를 줄이자.

사회생활에 해야 할 일이고 생산적인 일이라면 긍정적으로 받아들이자.

독일의 철학 프리드리히 니체는 '살아야 할 이유를 갖고 있는 사람은 살아가는 거의 모든 방식을 견뎌낼 수 있다.'라고 말한 것처럼 좋은 삶을 위한 좋은 습관의 장기 목표가 있는 사람은 늘 좋은 기분으로 자기 감정을 컨트롤 해 나가므로 그 환경에 보람을 느끼고 행복함을 유지해 나갈 것이다. 또한 그 행복감은 세로토닌을 증가시킬 것이다.

슬픔의 고통은 추억으로 간직하고 기억하자

세월이 한없이 흘러도 잊을 수 없는 일은 나와 가까이 있던 사람들의 죽음이다.

사랑했던 사람, 좋아했던 사람들을 다시 볼 수 없는 상실감은 삶의 정상적인 리듬을 찾지 못하고 긴 시간을 우울함과 슬픔에 빠지게 만든다.

언제나 그 자리에 있어 주는 것 만으로도 행복했고 소중했었는데 그들은 나이와 상관없이 질병, 유방암, 심장병, 폐암, 간암, 신장암, 그리고 사고로 모두 나의 곁을 떠났다.

함께 지내오던 인간 관계의 종말이 우리에게 슬픈 고통을 준다.

그로 인한 마음의 상처를 돌보지 않으면 그 슬픔과 고통의 출혈은 결코 멈추지 않을 것이다. 수많은 부정적인 생각들로 비탄감에 젖어 몸과 마음의 병을 만들게 될 것이다.

잊을 수 없는 떠난 이들의 얼굴 표정, 그들의 웃음소리, 걷는 모습,

함께 식사하며 농담을 주고 받던 이야기들, 그들의 노래소리, 등을 더 이상 함께 공유하고 나눌 수 없다는 절망감, 정신적인 괴로움이 끊임 없이 뇌리에서 떠나지 않는다.

우리가 이 슬픔과 공포, 충격, 상실감, 절망감을 겪는 것은 지극히 정상적이고 건강한 것이다.

이런 아픔을 느끼는것은 심리적으로 마음을 회복하고 극복해 나가기 위한 자연스런 과정일 것이다.

시간이 모든 것을 치유하지는 않지만 이 슬픔을 극복할 마음을 가질 수 있고, 새로운 인생에 관심을 가질 수도 있고, 이 고통스런 경험으로 인해 그들의 기억이 교훈으로 남아 우리의 삶에 도움을 줄 것이다.

빅터 프랑클은 '우리가 지금 마주하고 있는 상황을 우리 스스로 바꿀 수 없을 때, 그 도전은 우리 자신을 변화시키기 위한 시련이다.' 라고 했다. 우리의 마음을 다시 회복하기 위해 슬픔과 고통을 극복하기 위한 자기 자신과의 싸움이 필요하다.

가장 어려운 싸움이 자기 자신과의 싸움이라고 했다.

우리 자신을 변화시키고 삶의 어려움을 극복해 나간다면 운명은 언젠가는 당신의 편에 있을 것이다.

니체가 말한 것처럼 '인생에는 기쁨도 있고 끝없는 고통도 따르는 것이 사실이다. 그러나 고통이 따른다 하더라도 좌절, 비관, 부인할 것이 아니라 생을 긍정하고 삶을 사랑하는 운명애의 사상을 고창하였다.'

슬픔과 좌절에 빠져 행복한 감정을 억누르면 고립될 가능성이 있다. 그렇게 되면 슬픔이 점점 커지고 나를 지원해 주는 사람들마저 멀어진다.

긍정적인 마음으로 바쁘게 생활하며 가족 그리고 친구들과 함께 지내며, 친구에게 자신의 감정을 이야기 하면서 어느 정도 위안을 받을 수 있다.

한 병리 학자는 이렇게 경고한다. '비극은 인내하고 겪어서 마침내 순리적으로 생각하게 되어야 하는 것인데, 사람을 약물에 취하게 해서 그 일을 부당하게 지연시키면 오히려 그 과정을 연장 시키거나 뒤틀리게 만들 수 있다.'

슬픔은 흔히 대부분의 사람들이 알고 있는 것보다 오래 간다. 사람들에게 참을성을 나타내려고 노력하며 슬픔을 극복하는데 약물이나 알코올 사용을 조심해야 된다. 일상생활로 돌아가 충분히 휴식하고 운동하고 영양 섭취와 할 일을 찾아 더 열심히 하는 것이다.

하늘 나라에서도 우리의 슬픔을 알고 있을 것이다. 옛날처럼 그대로의 모습을 서로 간직하며 우리가 죽으면 신의 곁으로 가서 그들과 평화스럽게 지낸다는 성경의 말씀처럼, 그런 희망을 믿으며 그들을 위해 기도를 올린다.

'주님, 세상을 떠난 그 분들을 생각하며 기도하오니 세상에서 주님을 섬기고 주님의 가르침을 따랐던 그 분들에게 자비를 베푸시어 영원한 행복을 누리게 하소서!.'

화나고, 분노하며 참을수 없는 일이 생길 때

"할로윈 데이 (Halloween day)는 10월 말일이 되는 날 저녁, 해가 지면 얼굴에 탈을 쓰거나 이상한 복장을 하고 'Trick Tree' 하면서 집이나 상가 거리를 누비고 다니며 캔디와 돈을 얻는다. 귀신을 내쫓는다는 미국 풍습의 날이다.

문제는 청소년들이 20명씩 몰려 다니며 횡폭한 행동을 하는 것이다.

가게 안에 들어와 계란, 음료수 등을 닥치는 대로 마구 집어 나가려했다. 주인 킴이 막아 서며 '돈 내고 나가라' 말을 하니까, 그 청년이 킴의 얼굴에 계란을 던져 코와 눈밑을 맞아 눈두덩이가 갑자기 퉁퉁 붓기 시작한다.

그 뿐만 아니라 그들은 진열되어 있는 가게의 물건들을 유리창, 바닥, 벽에 던져 아수라장을 만들었다. 난리가 다 끝난 다음에 나타나는 순경들은 별로 도움이 안된다."

미국의 할로윈 데이는 사람이 죽거나 다치게 하는 위험한 날이다. 우리 가게 근처의 델리 그로서리 가게에서도 주인 두 사람과 종업원 한 사람이 총에 맞아 죽었다.

이 불안한 날을 면할려면 차라리 그날은 가게 문을 닫거나, 저녁 해가 지기전에 가게 문을 닫아야 할 것 같다. 언제나 당하고 나서 늘 뒤늦게 그 생각을 한다.

'추수감사절의 날 (Thanksgiving day), 오후 대낮에 두터운 핑크 잠바를 입은 흑인 남자와 검은 옷을 입은 흑인 여자가 가게 안에 들어왔다. 우리는 그들이 'Mistic juice' 한 병을 갖고와 돈을 받기 위해 종업원이 계산대에 오르는 순간, 총을 종업원의 목에 겨누고 'Give me money' 하며 계산기에서 잔돈까지 모두 갖고, 그것도 모자라 종업원의 지갑, 주머니에 있는 돈까지 다 갖고 유유히 길 건너 코너가게 뒷길로 사라져 버렸다.'

더욱 나를 우울하고 화나게 하는 것은 며칠 후에 그들이 버터베이글을 사러 온 것이다. 너무나 놀라고 이해가 안된다. 죄의식이 전혀 없는 사람들이다.

아마 이 상가 거리는 그들이 생활을 아무 댓가 없이도 해결할 수 있는 자유무대인가 보다. 불안감이 밀려온다.

'가게가 거의 문닫을 시간이 되었을 즈음 16-20살 안팎의 청소년 흑인들이 얼굴을 가리기도 하고, 또 안 가린채 들어왔다. 그 중의 한 사람이 내 옆구리에 다가와 은색 권총을 들이대고 'Hurry up give me money everything'한다. 손님을 위해 샌드위치를 만들던 종업원이 'What happen' 하니 'Don't move'하며 권총을 종업원에게로 향한다. 그들은 성난 얼굴로 서둘 계산기를 열게하여 돈을 꺼내고 있는데, 밖에서 킴이 들어오며 Get out'하니 킴의 가슴에 총을 겨눈다. 순간적으로 공포와 두려움이 엄습해오며 '다치면 안되지'하면서 재빨리 강도에게 돈을 주었다.'

'오늘은 청소년이 아닌 젊은 어떤 낯선 키가 큰 라잇스킨 흑인이 매우 기다란 브라운 총을 쏠듯이 한번 소리 내어 내 옆구리에 들이대고 'give me money'한다. 손을 들고 가게 뒤로 밀려 들어가니 그곳 안에서 일하던 종업원에게도 까만 조그만한 총으로 겨누었다.

캐셔가 돈을 안 주면 사고날 것 같은 예감이 들어 옆에서 또 다른 강도에게 계산기를 열어주니, 페니와 훗스템만 남기고 다 꺼내어 갖고 달아났다. 이런 일이 생길 때마다 종업원들이 일을 그만 둔다.'

이렇게 권총 강도들이 습격해 매번 간을 서늘하게 하고 목숨이 왔다 갔다 하는 이 불안한 곳에서 나는 어떤 생각을 하고 어떤 변화를 기다리며 살아가고 있는 것일까?

별다른 생각없이 이 동네로 와서 이 델리 가게를 운영하며 열심히 살아가고 있는데, 그들은 무엇이 잘못되었기에 이유없이 놀고 먹는 것일까? 우리가 그들에게 어떤 사람으로 보이기에 무자비하게 총과 칼과 돌멩이로 사람을 다치게 하고 협박하며, 아무런 죄의식도 없이 그 거리를 활보하며 공포와 두려움을 주는 것일까?

앨릭스 코브는 '풀밭에서 사자가 튀어나와 나를 향해 달려오는 모습을 볼때 느끼는 것이 공포다. 불안은 풀잎이 일렁이는 것을 보며 거기 사자가 숨어 있다고 짐작할 때 느끼는 것이다. '위험의 예상' 과도 관련된다. 걱정은 흔히 완벽한 선택을 하거나 모든 것을 극대화 하고 싶을 때 촉발된다.'고 했다.

젊은 몇명이 가게에 들어와 각자가 다른 색깔과 다른 크기로 보여

주는 권총의 구멍을 내 두눈으로 보는 순간 내 몸이 굳어가는 것 같은 공포를 느꼈고, 늘 그들이 한꺼번에 들어오면 또 권총을 꺼낼 것이라는 불안감에 온몸이 떨렸다. 장사를 하는 것이 아니라 전쟁 터에서 그들의 올가미에 갇혀 벗어 나올 수 없는 상황에서 오는 두려움, 좌절감, 무력감 그리고 정신적 고통과 분노가 온몸에 채워지고 있었다. 이토록 험한 환경에서 우리는 이 가게를 지키기 위해 무엇을 어떻게 해야 하는가? 그 즉시로 도움을 찾을 길은 보이지 않았다. 그만둘 때까지는 우선 가게 오픈 시간을 줄인다는 것 뿐이었다.

즉시 피할 수 없으니 그 환경에 견디어 보면서 문제 해결에 집중해 보기로 했다.

우선 떠오르는 것은 '안전' '인간 관계' '언행'이다.

더불어 살아갈 수 없는 그들로부터 쌓여가는 분노와 두려움을 이기려면 강한 토양으로 바꾸어가는 정신적인 주체를 가져야 한다.

그들이 보여주는 권총의 구멍을 보는 순간에 돈을 주면서 하게 되는 말 한마디는 너무 중요하다. 돈을 뺏은 뒤 죽이느냐 살리느냐는 그 순간에 달려 있기 때문이다. 거친 말을 하면 그들은 쏜다. 침묵이 최고다. 아니면 운명에 맞긴다. 아직도 살아 있으니 나는 승리자다. 그러나 그들로부터 쌓여 온 분노는 오랫동안 나의 가슴 안에 깊은 상처로 남아 있다.

분노 조절을 잘하려면 억울함을 멈추어야 한다

하지만 한쪽 가슴 깊숙히 박혀 있는 분노의 응어리는 세월이 흘러도 좀체로 지워지지 않는다. 왜냐하면 마음의 상처로 남아 있기 때문이다. 그들은 자존심을 건드렸고 배려하지 않았으며 삶의 희망을 방해했으며 스트레스를 주고, 공포와 불안을 가슴속에 심어 주어 다른 비지네스도 할 수 없을 정도로 마음속에 화가 쌓여 가고 분노로부터 탈출하기가 힘들다.

어느 저자는 이렇게 말했다. '분노를 의식하게 됨으로써만 분노에 따라 행동하는 것이 아니라, 분노를 느끼고 있음을 앎으로써만 분노 파괴적인 영향에서 벗어날 수 있다.' '또한 분노를 표현하거나 함께 나누는 것이 도움이 될 수 있다. 분노가 지속되면 위험하다고 그는 경고한다.

생활 상에서 겪게 되는 스트레스에 대한 분노 반응이 나타나는 것은 자연스런 일이다.

분노를 직접적으로 표현하지 않고 무의식적으로 억압하게 되면 화병이 나타난다.

이것은 전통적인 가족 관계 등에서 많이 나타나며 또한 사회 심리적인 측면에서도 우울증, 억울한 마음, 갱년기, 불안 신경증, 스트레스 등이 원인이 되어 나타나기도 한다.

화병은 화가 나고 속상하고 억눌린 감정을 제대로 풀지 못하고 표현하지 못하여 생기고, 가슴이 답답하고 울화가 치밀고 사소한 일에도 짜증과 신경질이 나고 열이 화끈 달아 오르고 두근거리는 증상을 동반한다.

이것은 울화병 이라고도 하는데, 울화란 억지로 참는 가운데 생기는 신경성 화를 말한다.

화병의 가장 특징적인 증상은 가슴이 답답함, 뛰쳐나가고 싶은 충동, 욱하고 치밀어 오름, 분노가 끓어 오름, 가슴의 열감, 얼굴로 화가 오름, 눈물, 진땀, 후회, 비관, 목과 가슴에 덩어리가 있는 것과 같은 이물감, 불면, 통증 등을 말한다.

분노 조절이 잘 안되어 생기는 우울함은 마음의 창문을 닫고, 커튼을 치고, 우리의 몸과 마음을 가두어 포로로 만들고 혼돈의 악순환에서 헤어 나오지 못하고 자신이 갖고 있던 질서를 파괴한다. 그러나 그렇게 가장 심각한 우울증도 올바르고 어렵지 않은 마음가짐으로 치료하고 극복할 수 있다.

16대 미국 대통령 에이브러햄 링컨은 우울증 환자였다. 하지만 그는 우울증 덕분에 자신이 인격적으로 성숙할 수 있었다고 고백했고, 특유의 유머로 그 고통을 극복했다.

우울증을 숨기지 않은 대통령과 그런 그를 '미국인이 가장 사랑하는 대통령' 으로 꼽는 국민들 모두 정신질환에 대한 편견이 없는 셈이다.

우울증은 누구에게나 찾아올 수 있는 자연스러운 질병 '마음의 감기' 라고 할 수 있다.

감기 약을 먹어야 감기가 낫듯이 약물치료와 심리치료를 병행하며 규칙적인 생활과 적당한 운동, 햇볕쐬기, 잠, 식이요법 등으로 우울함을 극복해 나간다.

그리고 분노 조절에는 상대방에게 생각하고 말을 하고 침착하게 당신의 분노를 표현한다.

시간이 지나길 기다리며 할 수 있는 해결 방법을 확인한다.

불평, 원한, 유감을 간직하지 말고 유머를 사용해 긴장을 푼다.

깊은 숨 고르기 운동, 걷기, 달리기, 진정시키는 단어를 반복해서 소리내어 발음한다.

음악 듣기, 일지쓰기, 간단한 요가 자세 그리고 도움을 청할 곳을 알아둔다.

싸움을 멈추려면 자신을 최대한으로 낮추고 자제한다

싸움이 계속되는 것은 둘 다 똑같은 위치에서 양보를 못하기 때문이다.

'며칠 전 물건을 훔치려고 해 싸운 여자가 오늘은 조그만한 칼을 들고와 나한테 덤빈다. 순간 너무 무서워 'I am sorry'를 계속하면서 간신히 위기를 면하고 나서 가슴을 쓸어 내린다. 이 가게에서 총이 아닌 칼로도 죽을 수 있다는 생각에 온몸에 소름이 돋는다.'

그 여인이 화난 것은 자신이 갖고자 하는 것을 방해했기 때문이고, 나는 지불하지 않고 가지려는 것에 빼앗기지 않으려고 방어했는데, 결론은 얻으려는 자와 잃지 않으려는 자의 싸움이 순간적으로 거칠어지고 오늘 같은 위험이 뒤따른 것이다.

내가 권총 강도가 올 때마다 하루 매상과 물건까지도 달라는 데로 다 주면서도, 그 여인이 식료품을 갖고 가는데 위험한 상황을 못 느끼고 싸웠다는 것이 잘못된 것이다.

싸움을 하는 것으로는 가게 물건을 훔치려는 행위를 막을 수 없다. 그러므로 그들에게 친절과 관찰을 유지하면서 훔칠 수 있는 틈을 주지 않아야 한다.

우리는 그들이 종종 물건 값을 지불 안 하고 가져가고, 비웃듯 실실 웃으며 인종 차별적 욕을 하고 거친 말과 행동을 하는 것이 아무렇지도 않다고 느끼는 그들의 심리와 역사와 생활 습관을 알아야 한다.

예수 그리스도께서 그리 하였듯이 '그는 근본이 하느님의 본체이시나 하느님과 동등하게 됨을 취한 것으로 여기지 아니 하시고, 오히려 자기를 비워 종의 형체를 가지사 사람들과 같이 되셨고,' 십자가에 죽기까지 자신을 낮추면 싸움은 있을 수 없다.

주님은 자신을 죽는데 까지 내려 가심으로써 양쪽에 있는 담을 허무시고 둘이 하나 되게 하셨다.

우리도 그들과 정직한 신뢰와 우정어린 관계를 유지하면서 함께 살아갈 수 있는 이웃이 되어 신뢰심을 서로 키워 나간다면 싸움이 없는 상거래를 이어나갈 것이다.

부정적인 현실이 자신의 삶의 전부는 아니다

익숙한게 하나도 없는 곳, 상가 거리의 풍경, 동네 이름에서도 낯설은 이질감을 느끼면서 부딪치는 현실 속에서 받게 되는 스트레스는 한 두가지가 아니다.

목표 지점이 잘 보이지 않는 길을 헤매듯이 새로운 환경에 적응하지 못하고 좌충우돌하며 델리 가게를 운영하면서 상당히 힘들고 위험한 일을 많이 겪어야 했다.

'어느날 한 소년이 슬라이스 햄을 사가지고 갔는데 얼마 있다가 다시 와서 그 백을 획 던지며 다른 것으로 달라고 했다. 그 행동이 너무 어이없고 무례해 킴이 못주겠노라 했더니 그 소년은 그냥 갔다. 아니 그냥 간 것이 아니라 그들 무리들이 다시 와서는 벽돌 세 개 만한 큰 돌멩이로 사정없이 킴의 머리를 치고 욕을 하며 달아났다. 킴의 머리에서 피가 주루룩 흐르는 것을 본 순간, 나는 너무 놀라 당황해서 내 혼이 빠져나간 듯 정신이 멍해졌다. 앰블런스가 오고 병원에 가서 머리에 붕대를 감고 있다가 7시간 기다려 8바늘 꿰메고 집으로 왔다. 나는 킴의 머리가 아무 탈없이 잘 낫게 해 달라고 기도를 했다. 그리고 킴이 아침에 일어나더니 머리가 너무 아파서 가게에 못나가겠다고 했다.'

또 어떤 일이 생길지 모른다는 두려움을 갖고 하루 하루를 보내고 있는데 어김없이 일이 생겼다. '가게에서 전화가 왔다. 어느 청년이 가게에 들어와 아이스크림을 훔치려고 해서 싸움이 되어 킴이 또 얼굴을 많이 다쳤다는 것이다. 킴은 병원에서 새벽 세시 반에 집으로 왔다. 킴의 얼굴에 눈썹4 바늘, 입술 5바늘, 턱 6바늘을 꿰맸다. 킴은 우울한 얼굴로 이 가게 그만하자고 한다.'

현재 상황이 기대하는 만큼 풀리지 않고 이 환경에서 쉽게 빠져나갈 수 없다는 절망감과 목적 상실, 내 자신이 원망스럽고 용서할 수 없는 분노와 불안감이 잠을 설치게 한다. 과거와 현실이 부정적이니 미래도 부정적일 것 같은 생각이 마음안에 꽉 채워진다.

그 무리들이 우리를 밟으면 밟히어 더 초라해지고 더 무능력해지는 것 같고, 이 현실을 유지해 나가는 것이 너무 힘든 환경과 공포, 불안, 두려움, 분노, 불행 등이 내 삶의 전부가 아니길 간절히 기도 한다.

이 환경이 더 악화되기 전에 제일 중요한 것은 인식의 변화다. 지금 이 현실이 나의 삶의 전부가 아니라는 것이다. 이 어려운 환경을 인정하고 단점을 깨달아 행동의 변화를 갖고 해결점을 찾아가야 할 것이다.

내가 절실히 원하는 것이 이런 환경에서 장사하는 것이 아니면 어떻게 해야 할까? 그것을 고민하는 것이 절망감에 빠져 힘들어 하는 것 보다 훨씬 미래에 도움이 될 것이다.

자살을 기도한 적이 있는 케이 레드 필드 재미슨 (존스 홉킨스 대학교 의과 대학 정신의학) 교수는 이렇게 말한다. '사람들은 상황이 나아질 것이라는 믿음이 있는 한 우울증을 견디거나 인내해 나가는 것 같다.' 하지만 재미슨 교수가 알아낸 바에 의하면, 점점 절망감이 쌓여서 견딜 수 없을 지경에 이르게 되면 자살 충동을 억제하는 정신 기능이 점차 약해진다. 그는 그러한 상황을, 자동차의 브레이크를 계속 사용함에 따라 브레이크가 닳아서 얇아지는 경우와 비교했다. 또 재미슨은 '대부분의 사람들은, 정신 건강이 좋을 경우에는 어떤 일을 겪더라도 그것이 자살을 정당화 할 만큼 비참한 것이라고 해석하지 않는다.'

그러하다. 과거와 현실이 부정적이라고 미래까지 비참해지진 않는다는 생각이 있는 한 우리의 정신 건강은 실패를 이겨낼 수 있는 힘이 생길 것이다.

우울증은 치료할 수 있기 때문에 자살도 예방이 가능하다는 것이다.

더 나은 미래는 어떤 위기에 부딪쳤을 때 긍정적으로 대처하는 법을 익히는 데서 시작한다.

사회적으로 아니면 다른 많은 이유로 인해서 힘들고 고통스런 삶에 대한 문제를 해결할 수 있는 방안들에 대해서 친구나 가족, 전문가들과 함께 이야기를 나눈다.

그들은 동기를 이해하고 공감하며 현실적인 해결 방안을 찾을 수 있도록 도와 줄 것이다.

주님께 의지할 수도 있다. '구주의 속죄는 또한 우리 육신의 연약함을 체험하신 그분께 우리를 치유해 달라고, 지상 생활의 짐을 짊어질 힘을 달라고 간구할 기회를 우리에게 줍니다. 구주께서는 우리의 고뇌를 아시며, 우리 곁에 계십니다. 그분은 선한 사마리아인 처럼, 우리가 다쳐 길가에 있는 것을 보시면 상처를 싸매고 돌보아 주실 것

입니다.' (누가복음 10:34 참조)

두려운 것으로 부터 탈출하고 싶고 고통스런 환경이 슬픔과 분노를 일으키고 어떤 목표가 실패로 좌절되고 희망이 안 보인다고 내 마음을 자물쇠로 잠그어 놓지 말고, 그 아픔을 누군가에게 보여 주어야 할 용기를 갖는 것이다.

의욕을 잃지 않고 긍정적인 마음가짐으로 돌파구를 찾아야 할 것이다.

감사하는 마음은 세로토닌 분비를 촉진한다

앨릭스 코브는 '우리가 미래에 일어날 수 있는 좋은 일에 감사하는 마음을 가지면 부정적인 감정과 걱정이 사라져 버린다.'고 했다.

부정적인 생각이 없어지면 불안한 마음과 통증은 줄어들고 건강한 몸과 마음을 유지할 수 있어 감사함을 느낄 것이다. 힘든 일이지만 도전할 수 있는 것에 감사하고, 함께 일하는 사람에게 감사하고, 하루의 업무를 훌륭하게 마무리함에 감사하고, 그리고 편안하게 밤에 숙면하고 아침에 일어남을 감사한다.

감사하는 마음을 갖는 것은 건강에 좋다.

정신적으로 스트레스를 완화 시켜주고, 불안과 우울증을 줄여주고, 낙관적으로 변해 행복감을 키워주고, 에너지를 주어 잠재 능력을 살려 생산성을 높여 줄 수가 있다.

감사하는 마음으로 인하여 문제들을 극복하기 쉬울 것이다.

정신적 건강을 위한 도움을 주고, 육체적으로는 면역 체계를 향상시켜 주고, 고통을 줄이고, 혈압을 낮추고, 콜레스테롤 수치를 정상으로 만들고, 염증 수치도 감소하며 수면의 질도 높여 준다.

감사하는 사람들은 자신의 힘을 더 성공적으로 만든다.

20세기 초 강철왕 찰스 슈왑은 '나는 주위 사람들로 부터 열정을 불러 일으키는 능력을 내가 가진 자산중 가장 훌륭한 것이라고 생각하며, 한 사람이 지닌 최고의 가치를 발전시키는 방법은 바로 감사와 독려다.' 라고 했다.

감사를 표시하는 습관은 자신의 가치를 발전시키는 방법이고, 좋은 기회를 주고, 인간 관계를 원만하게 해 줌으로 힘든 상황에서도 도움을 받을 수 있게 된다.

사람은 누구나
소중한 존재로 태어난다

우리는 누구나 삶의 소명을 갖고 태어난, 이 세상에 없어서는 안될 소중한 존재이다.

하바드 대학의 생물학 교수 인리쳐드르원틴 교수는 '지금까지 이 세상에 존재했던 사람들이거나 또한 앞으로 무수히 태어날 사람들 중에 완전하게 똑같은 사람으로 태어날 가능성은 절대 없다.' 라고 말했다. 그러기에 우리는 이 세상에 단 하나 뿐인 특별하고, 귀하고 소중한 존재이다. 그리고 사람은 태어날 때부터 선천적으로 약한 체질이거나, 병을 갖고 태어나거나, 후천적으로 병을 얻거나, 또는 건강한 몸과 마음으로 인생을 살아간다.

그것은 우리가 태어날 때 목(나무 – 간), 화(불 – 심장), 토(토지 – 위), 금(쇠 – 폐), 수(물 – 신장)의 기운을 갖고 태어나기 때문이라고 한다. 그 중에서 가장 약하게 태어나는 부분에서 병이 잘 생긴다.

어떤 스트레스를 받게 되면 어떤 사람은 소화가 잘 안되고, 어떤 사람은 두통이 생기고, 어떤 사람은 심장이 두근거린다.

부모님으로부터 유전적으로 몸의 증상이 모두 다르게 태어나는 것이다.

이렇게 태어난 우리에게 가장 중요한 것은 인생을 살아가는 마음의 자세이다. 삶의 의미와 가치를 찾기 위해 특별하게 태어난 자기 존재를 스스로 응원해야 한다.

불평, 불만의 고통을 줄이고 희망의 기쁨을 늘리어 나아가야 할 것이다.

토마스 카알라일은 '길을 가다가 돌이 나타나면 약자는 그것을 걸림돌이라 하고, 강자는 그것을 디딤돌이라고 한다.'라고 말했듯이, 약한 사람은 자신의 약한 체질을 원망하듯 나의 모든 실패는 저 걸림돌이라고 불평한다. 그러나 강한자는 그 실패를 디딤돌로 삼고 다시 도전한다.

네델란드의 화가 빈센트 반 고흐는 측두엽 기능 장애로 태어났다. 무명 화가로서의 고단한 삶에 대한 슬픔이 그림에 묘사되어 있다. 예민하고 재능있는 고흐는 정신 장애로 인한 고통을 소용돌이와 원색의 노란색으로 표현하여 '프로방스 시골길의 하늘 풍경', '별이 빛나는 밤', '해바라기' 등의 걸작품을 그렸다. 즉 고흐의 그림 속에는 정신적인 고통과 이를 극복하고자 한 의지가 담겨 있는 것이다. 후기에 제작된 오베르의 풍경화에 대해서 그는 다음과 같이 적었다. '흐린 하늘 아래 한없이 넓은 밭이 있고, 나는 슬픔과 극단적인 고독을 표현하려는 시도를 주저하지 않았지.'

고흐는 형식과 색채를 변화 시킴으로써 바라던 표현의 강렬함을 달성할 수 있었다. 그의 그림은 현재 몇백, 몇천만 달러를 호가한다.

그는 선천적인 질병이 있었지만 어떤 삶으로 살아 갈 것인가로 고민하지 않고 살아 갔다. 그가 잘 할 수 있는 그림으로 긍지와 보람을 느끼고 스스로 의미 있는 인생을 살았다고 생각한다. 훌륭한 작품을 남긴 그는 이 세상에서 없어서는 안될 소중한 사람이 되었다.

알버트 아인슈타인은 대기 만성형으로 태어났다. 무엇이든지 늦어 만 4살이 되어서 말을 시작했고, 만 7살이 되어서야 글을 읽었다. 취리히 폴리테크닉 대학은 '천재' 아인슈타인이 조수가 되고 싶다는 그 제안을 받아들이지 않았다. 그러나 이러한 문제들에도 불구하고 그는 광전 효과와 상대성 원리로 노벨 물리학 상을 받았다. 그의 유전적인 요인과 그의 환경은 걸림돌이 아닌 디딤돌로 이 세상에 기여할 수 있는 힘이 되어, 그 한 사람이 성장함으로 인류 전체가 성장하는 중요하고 소중한 사람이 되었다.

사람은 누구나 소중한 존재로 태어난다. 그리고 성장하면서 수많은 경험을 겪으며 세상을 발전시켜 나아갈 힘을 갖는다. 자신감을 갖고 자신의 재능을 발휘하여 성공적인 삶을 살아가는 소중한 사람이 되고자 모두가 노력한다.

이웃의 사랑이 필요한 외상 후 스트레스 장애인

외상 후 스트레스 장애 환자들은 그 사실을 잊으려고 계속 사건과 관련된 일을 잊어버리는 건망증과 감정의 잦은 변화를 경험한다.

그러나 그 경험에 대한 회상과 유사하게 환자들은 사실적인 꿈과 생각, 기억을 통해 고통스러운 상황을 다시 경험하게 한다.

다른 증상은 즐거움의 감소, 절망, 감정의 변화, 수면의 장애, 집중력 장애를 경험한다.

지인 초이는 젊은 나이에 온몸에 50%넘는 화상을 입고 그의 가족과 이민 온 이후로도 정신적인 치료를 받으며, 삶의 스트레스를 겪으면서 힘겹게 살아가고 있다. 뿐만아니라 그는 강박 관념과 우울증, 그리고 행동에 자신감을 잃어간다. 하물며 자신이 사는 주소, 이름, 전화번호도 잊어버린다. 사람들과 대인 관계가 원만하지 않아 외로움, 불면증에 시달린다. 가끔 잠이 안오면 24시간 오픈하는 가게에

나와서 음식을 사먹으며 시간을 보낸다고 한다.

그는 이웃이나 전문가의 도움으로 사회적 관계, 대인 관계, 불면증, 우울증 등을 회복하기 위해 치료가 필요한 사람이다.

뉴욕의 거의 모든 사람들이 슬픔에 잠겨 우울했던 날이다. 이 믿을 수 없는 사건은 맨하탄의 자부심이었던 쌍둥이 빌딩이 사라져 가던 안타까운 날 이었다. 세계 무역 센터가 무너지며 불에 타고 있을 때 그 화염에서 뿌려져 내린 잿더미 가루를 맞고 겁에 질려 달려가는 사람들을 나는 보았다. 2,192명 민간인, 71명 경찰관, 343명 소방관, 147명 비행기 안 승객, 10명 하이재커가 사망했다. 그 후로부터 지금까지 그들의 가족들과 구조요원, 생존자 수만 명의 고통은 끝나지 않았다. 붕괴현장의 화학 물질, 먼지 등의 장기간 노출로 인해 각종 질환에 시달려, 연방 질병 통제 예방 센터(CDC)에 따르면 9.11테러 피해자 의료지원 프로그램인 'WTC 헬스 프로그램'에 현재 전국적으로 7만 5000명이 등록되어 있다. 그들은 만성 폐색성 폐질환, 외상 후 스트레스 장애, 우울증, 불안 장애, 암, 호흡기 장애, 수면성 무호흡증, 천식, 축농증, 식도 역류 장애 등의 질병을 앓고 있다.

이 뼈 아픈 슬픔, 공포, 불안, 우울함이 쌓여 지금까지 우리에게도 정신적인 깊은 상처로 남아 있다.

외상 후 스트레스 장애인들은 정신적, 육체적인 아픔을 오랫 동안 겪으며 사회적인 도움과 전문적인 치료를 필요로 하며 살아가게 된다.

02장 도전할 용기를 갖는다

- 햇볕을 쬐며 답답함을 없애고 미래의 가능성을 꿈꾼다
- 긍정적인 마음 가짐은 자신감을 최고로 살린다
- 절망적인 순간을 이겨내기 위해 극복할 용기를 갖는다
- 실패는 꿈을 실현하기 위한 과정이 될 수 있다
- 희망을 갖고 기회를 만들어 간다
- 책을 읽으며 최상의 가치를 얻는다
- 자존심에 상처를 받았을 때는 자부심을 잃지 않는다
- 배움으로 자립심을 키우고 꿈을 키워갈 것이다
- 일하는 곳에서 즐거움을 만들어 간다
- 결혼은 인생에 매우 중요한 시작이다

햇볕을 쬐며 답답함을 없애고 미래의 가능성을 꿈꾼다

맨하탄 센츄럴 파크, 퀸즈 보타니컬 가든은 내가 좋아하고 자주 산책하는 초록색 공원이다. 밝은 햇살 아래 계절마다 다르게 피어나는 아름다운 꽃들, 맑은 하늘, 푸른 나무 숲을 감상하며 답답한 기분을 바람과 함께 날려 버린다.

햇빛의 자외선을 피부로 흡수하면 우리 몸에서 비타민D가 만들어진다. 비타민D의 여러 중요한 기능 중 하나는 세로토닌 생성을 촉진하는 것이다. 신경 전달 물질인 세로토닌은 기분을 향상시키고 활동 의욕과 의지력을 증가시킨다.

충동 조절과 회복 탄력성의 조력자이다. 밝은 햇빛은 세로토닌 생성을 향상하고 세로토닌 수송체가 재흡수 되는 것을 막는다. 마음가짐이 긍정적인 삶의 변화로 이어지며 기분이 좋아지면 행동 해야할 어떤 목표에 동기 부여가 생기고 새로운 기회를 가질 용기, 에너지가 우리 내면에 자리 잡고 있음을 느낄 것이다.

동기 부여에 대해서 켈러는 '달성 동기가 높은 사람은 내적 요인인 능력이나 노력에 그 원인이 귀속된다고 생각하는 경향이 강하다. 반면에 달성 동기가 약한 사람은 외적 요인인 문제의 곤란성이나 우연성에 원인이 귀속 된다고 생각하는 경향이 강하다.'고 했다.

어떤 목표를 지향하여 생각하고 행동하도록 하는 일에는 자신의 용기와 힘을 성장시키고 계획을 세우고 명료하게 사고하는 능력과 노력에서 이루어 질 것이다.

영국의 심리학자 하드필드 박사는 "힘의 심리"라는 책에서 '난 할 수 있어! 난 뭐든지 해 낼꺼야!' 이와 같은 자신감을 가진 사람은 자기 능력의 500%를 발휘한다고 말했다. 그러나 난 할 수 없어, 난 별볼일 없는 불량품이야!' 그렇게 생각하는 자신감 없는 사람은 자기 능력의 30%도 발휘하지 못한다.'라고 했다.

오스트리아의 신경 의학자 에코노모 박사는 '연구 결과 사람의 뇌세포는 136억 5천 3 백만 개나 된다. 그러므로 부정적인 생각이나 꿈이나 믿음이나 말을 하면 안된다. 그런데 대부분의 사람들은 이처럼 엄청난 창조력을 가진 뇌 세포를 거의 못쓰고 죽는다. 그것은 꿈이 없고 믿음이 없어서 개발을 못한다.' 라고 했다.

내가 아는 베이커 교수님은 음악 전공이신데 심리학 공부를 계속 하시어 70세 넘어 Ph D.에 패스하셨다. 사람의 잠재 능력은 무한하다. 미래의 가능성에 꿈을 꾸고 '꿈은 이루어진다'라는 믿음을 갖고 도전할 수 있는 용기와 에너지로 실천해 간다.

햇볕 쬐기는 세로토닌 생성을 도와주고, 또 활동 의욕을 만들어 주고, 창조력을 도와주며 나아가 더 큰 에너지로 발전하고 성장할 것이다.

긍정적인 마음가짐은 자신감을 최고로 살린다

'우리와 함께 일하든 죠셉은 늘 웃는 얼굴로 힘든 일을 해낸다. 유머를 섞어가며 까다로운 손님들에게 기분 나쁘지 않게 설명을 잘 해준다. 긍정적인 마음으로 생각하고 말하고 행동하며 즐겁게 일을 하니 모두가 좋아한다. 늘 자신감이 넘치는 그에게는 행복한 일만 생길 것 같은 인상을 받는다.'

마음가짐이 강해지면 삶의 질도 향상된다.

현재 주어진 이 환경이 만족스럽지 않을 때는 무엇이든 적극적으로 나아갈 수 없게 되고 움츠려든다.

각자가 받아들이는 자세에 따라 행복감은 따라 다닌다. 긍정적인 환경으로 받아들이면 극복해 나갈 수 있는 힘이 주어질 것이고 만족감을 채워갈 수 있는 좋은 기회가 만들어 질 수도 있을 것이다.

비관적인 생각을 하지 않는다.

부정적인 생각을 오랫동안 하게 되면 현재 일어나고 있는 문제에 도움이 안된다. 문제 해결에 필요한 에너지가 없어지고 미래의 꿈도 준비할 수 없게 된다.

불평하고 불행할 것이라 생각하고 괴로워 한다면 더 나은 환경으로 바꿀 수 없게 된다.

긍정적인 생각으로 바꾸어 나간다.

지금의 환경은 좋지 않지만 내가 하고 싶은 미래의 꿈을 실천하기 위하여, 지금의 모든 스트레스는 미래의 희망을 준비하고 이루기 위해 밑거름이 될 수 있다고 믿는다.

고토 하야토는 '밝고 긍정적인 자세로 보내는 하루와 마지못해 보내는 하루는 분명 다를 것이다.'라고 했다. 하루 일과를 시작하면서 기뻐할 수 있는 일을 한가지라도 만들어 보자. 그러면 또 다른 즐거운 일이 생길 것이다.

긍정적인 생각과 언어는 행복을 가져다 준다.

때로는 인내가 필요하다.

마음의 상처를 받게 되면 용기와 의욕을 잃게 된다. 그러나 미래의 가능성을 믿고 포기하지 않아야 한다.

내가 하고 싶은 일을 이루어야 한다는 마음이 투철하면 이겨낼 수 있다. 최선을 다해 꾸준하게 노력하고 경험을 쌓아간다.

실패에서도 배우고 성공한 사람들에서도 배운다.

실패한 자신의 잘못에서 얻어낸 교훈들은 다시 실패할 확률을 줄인다. 새로운 희망의 목표를 달성하기 위한 에너지를 쏟아 낼 마음가짐이 준비되어 있게 되면 꾸준히 유지해야 할 긍정적인 자세가 밑받침 되어 성공의 길에 놓이게 될 것이다.

어려움을 극복한 위인 어니스트 헤밍웨이는 '이 정도의 솜씨로는 작가가 될수 없다.'고 핀잔 받던 무명 작가였다. 그러나 "노인과 바다"로 노벨 문학상을 수상한다.

그에게는 어려움을 극복하고 힘들어도 굴복하지 않는 마음 가짐이 있었으며 실패를 성공으로 바꾸는 힘을 갖고 있었다.

가능성에 집중한다.

부정적인 잡념이 생길 때 순간적인 선택이 중요하다.

좋은 환경이 안될 때에는 행복의 기준을 어느 곳에 두어야 하는지를 정해야 한다.

미래의 가능성에 마음을 집중한다.

용기를 잃지 않는다.

미래에 대한 불안감은 최선의 방법이 아니다.

소극적이 되기 쉽고 열정의 에너지를 쏟아 낼 실천력을 떨어뜨린다.

힘든 상황이 되더라도 해결해 나갈 용기가 필요하다.

즐거운 마음으로 일을 한다.

만족스런 일만 찾아 할 수 없는 현실을 기꺼이 받아들이고 기쁜 마음으로 일을 한다.

밝고 즐거운 마음과 행동으로 자신의 능력을 한층 높이고 올바른 가치를 추구해 나아간다.

긍정적인 마음가짐으로 실천할 수 있는 힘을 기른다.

나 스스로에게 위로하자.

지금 미흡한게 많고 하던 일에 실패했을 때는 상당히 우울해진다.

알랭은 '인간은 의욕하는 것 그리고 창조하는 것에 의해서만이 행복하다.'고 했다. 지금의 불가능이 나의 전부는 아니다. 하고자 하는 마음가짐 안에 의욕이 생긴다. 그리고 실패에서 창조력을 얻는다. 새로움을 배우고, 올바름을 깨닫는다. 마음의 변화에서 새로운 것을 발견한다. 나는 할 수 있다. 더 어려운 것도 할 수 있다. 과정이 어려워도 포기할 수는 없다고 생각한다.

미래의 가능성을 실현해 보겠다는 긍정적인 마음가짐의 힘은 자신감을 최고로 살린다.

절망적인 순간을 이겨내기 위해 극복할 용기를 갖는다

자존감을 잃지 말고 자신을 지켜내는 것이 제일 중요하다.

긍정적인 마음가짐으로 현재 겪고 있는 환경을 이겨내야 할 자세가 필요하다.

위기의 상황이 찾아왔을 때 기본적인 자신의 에너지를 유지하면서 원인을 파악해 가야한다.

윈스턴 처칠은 '비관주의자는 모든 기회에서 어려움을 보고, 낙관주의자는 모든 어려움에서 기회를 본다.'고 했다.

부정적인 감정으로 걱정과 두려움이 쌓여 자신감을 잃고 마음을 다스리는 힘을 없애 버리고 자기 관리를 잘하지 못하면 할 수 있는 환경의 기회를 놓치게 된다.

자괴감에 빠지지 말고 맞닥뜨린 상황에 대해 정확한 판단이 필요하다.

자신을 너무 원망해서는 안된다.

마음을 안정시키고 미래를 위한 새로운 목표를 세워야 할 것이다.

절망적인 현실을 극복하기 위한 해결 방안을 이웃 사람에게서 얻을 수도 있다.

현재의 중요한 순간을 최대한으로 살려본다.

우리가 좋아하는 치킨 체인점 KFC의 창립자 할랜드 샌더스는 자신만의 특별한 레시피를 현실화하느라 많은 고비를 겪었다. 무려 1009번째 퇴짜를 맞은 후에야 그 맛이 인정되었다.

샌더스에게 좌절은 기회의 힘이 되었을 뿐이다.

데일 카네기의 명언처럼 '좌절은 기회다.' 좌절은 성공을 위해 지불해야 하는 대가라는 것이다. 숱한 실패에도 결코 기죽지 않고 교훈을 얻어 내며 똑같은 잘못을 되풀이 안하려고 노력하는 것이다.

혹독한 세상에서 살아 남을 수 있는 굳건한 긍정적인 마음가짐은 절망적인 순간에도 극복할 용기를 가져야 한다는 것이다.

용기는 사람의 태도와 행동 양식의 하나로 올바른 가치 아래서 환경과 조건에 구애 받지 않고 마땅히 해야 될 일들을 해내는 태도와 행동 양식을 뜻한다.

실패는 꿈을 실현하기 위한 과정이 될 수 있다

실패를 어떻게 극복하느냐는 완전히 우리의 마음가짐에 있다.

한번 실패하고 나면 다시는 그 일에 도전하고 싶지 않을 수도 있다.

온갖 열정과 에너지의 로라는 결과에 대해 그 실망감은 대단하기 때문이다.

그 동안에 겪었던 수 많은 스트레스는 많은 상처로 남기 때문이다.

실패의 본질을 배우고 그 상처를 스스로 보듬어 주기 까지는 많은 시간이 필요하다.

실패의 모험은 새로운 도전의 디딤돌이 될 수 있다.

첫 번째로 중요한 인간 관계의 헛점으로 겪는 허망함은 상당히 우울해진다.

인내심의 한계를 느낄 때가 있다.

스스로의 자괴감에 당황하지 말고 다음에 무엇을 할 것인가에 정신을 집중시켜야 할 것이다.

실패의 모험은 자신의 단점을 깨우치게 해준다.

능력의 한계를 알 수 있다.

이 목표는 안될 것이라는 두려움이 생기면 출발하기 전에 현실적인 고민과 전문적인 배움이 필요할 것이다.

체이즈는 '회복의 유일한 길은 다시 시작하는 것이다.'고 말한 것처럼 새로운 도전으로 마음속 깊은 곳에 새겨진 실패의 상처와 기억을 없애가야 할 것이다.

실패에도 포기하지 않는다.

참을성이 필요하다.

가능성이 있는 것으로 기회를 다시 만들어 끈기 있게 발전의 길을 찾아가는 것이다.

실패를 딛고 성공한 유명한 토마스 에디슨은 '난 실패를 만 번 한 것이 아니라 가능하지 않은 것이 무엇인지 만 번 발견했을 뿐이다.' 한 번의 성공을 위해 1001번의 시도가 필요 했고, 발명품에 대한 그의 집념이 긍정적인 마음가짐을 말해준다.

'성공과 실패는 한 사람의 인생을 정의하는 절대 기준이 아니다. 단지 끊임없이 변화하는 인생이라는 범위에서 양끝에 놓인 요소일 뿐이다.' 단 한번에 성공하고자 하는 마음을 가지고 있다면 결과는 한번의 실패일 것이다.

실패에도 굴복하지 않고 극복하는 방법이 중요하다.

이 방법을 명확하게 자각하는 사람에게 성공이라는 선물이 찾아올 것이다.

실패하면서 교훈을 얻고, 깨닫고, 성장하며, 융통성을 가지고 노력의 방향을 바꾸어 나가야 할 것이다.

로버트 슐러는 '불가능한 일이 존재하는 것이 아니라 불가능하다는 생각이 존재하는 것이다.' 라고 말한 것처럼, 우리의 마음속에 불가능은 없다고 생각하자. 그리고 자신의 실패를 성공으로 바꾸기 위해 그 실패를 디딤돌로 삼아보자.

희망을 갖고 기회를 만들어 간다

일시적인 우울함과 자신이 무가치하게 느껴질 때, 나를 위해 무엇을 할 것인가 생각해 보자.

해 보고 싶고 할 수 있는 일을 자신의 잠재능력 안에서 가능성을 찾아 기회를 만들고 새로운 환경에 준비하고 도전한다.

새로운 목표가 정해졌으면 꾸준하게 실천의 어려움을 극복하고 좋은 결과를 상상하면서, 환경을 바꾸고, 변화를 만들고 끊임없이 자신의 마음을 다스리며 '나는 할 수 있다', '나는 능력 있어', '용기가 필요해' 하면서 발전시켜 나간다.

- 기회는 준비하고 있는 사람에게 온다.
- 행운은 결과를 상상하고 있을 때 얻는다.
- 기쁨은 하고 싶은 일을 해냈을 때 갖는다.

그 기쁨은 또 다른 기회를 가질 수 있는 가치의 밑거름이 되고,

그 밑거름을 믿고 자라는 새싹은 또 다른 환경에서 더 나은 목표를 정하고, 준비하고, 도전하고, 실천하고, 경험을 쌓은 나무로 자라 언젠가는 열매를 맺으리라는 꿈을 꾸며 무가치에서 가치있는 일을 찾아 일을 하는 즐거움, 자유, 행복, 성공을 추구해 나간다.

즐거움은 하고 싶은 일에 도전하고, 실천하고, 일을 하면서 얻는 마음의 자산이다.

우울한 기운을 살릴 수 있는 길은 자신감과 희망을 갖고 정해진 목표를 위해 꾸준히 실력과 경험을 쌓아 간다면 좋은 기회가 찾아올 것이다.

책을 읽으며
최상의 가치를 얻는다

인생은 흐르는 물속에 뿌리를 내리고 사는 식물과 다름없다. 그 뿌리는 흐르는 물살에 떠내려가지 않으려고 힘든 환경을 이기기 위한 온갖 수단과 방법을 사용할 것이다.

때론 흙탕물이 밀려와 사리를 분별하지 못하고 병들어 고생 하다가 그 뿌리는 뽑혀지기도 할 것이고, 때론 물고기의 먹이로 잘리어 나가 온전하지 못한 상태로 살다가 갈 것이고, 때론 그 흐르는 물살에 꺽이지 않고 온갖 시달림에 잘 견디어 내며 살아갈 것이다.

로버트는 부모로 부터 상속받은 작은 사업체를 몇 년 후에 그것을 팔고 땅콩 농장을 샀다. 열심히 스스로 일하며 바쁘게 살아왔다. 최대의 가치를 꿈꾸며 일했다. 그러나 어느 날 그는 기분이 우울해졌다. 그 일에 지쳐갔다. 농장 일이 더욱 더 힘들고 하기 싫고 부담스러워졌다. 아침에 잠에서 깨어 일어나기도 너무 힘들고 즐거운게 다 없어졌다. '만약에 내가 이 농장 일을 할 수 없으면 어떻게 될 것인가?' 그러면서 걱정스런 시간을 보내게 되었다.

로버트는 힘든 환경을 이겨내기 위해 열심히 일해왔다. 그러나 최대의 가치는 멀어져 갔다. 그 믿음이 사라지고, 자신감이 없어지고, 지금 하고 있는 일이 불만스럽고, 실망감이 커지니 마음이 위축되고, 자기비하를 하며 힘든 과정을 이겨 내야 할 에너지가 떨어져가고, 자신이 선택한 길을 자신이 올바르게 실천하지 못한다.

그는 우선 마음의 치료가 필요하다.

그가 갖고 있던 비정상적인 환상에서 현실적인 환경으로 바꾸어 가야 한다.

그 다음의 할 일이 땅콩에 대한 전문 서적을 읽으며 최상의 가치를 얻는다.

자신감이 생기면 하는 일이 즐거워지고, 행복한 마음으로 일할 수 있는 에너지가 생길 것이다. 그리고 책임감이 있는 삶으로 바뀌게 될 것이다.

괴테는 '가장 유능한 사람은 계속해서 배우는 사람이다.' 라고 말했다.

우리가 읽고 있는 책 속에서 많은 것들을 알게 된다.

자신의 능력을 키워 나갈 수 있다.

새로운 기회를 열어갈 수 있다.

불행을 잘 관리할 수 있다.

열성적인 태도와 노력으로 할 수 있는 목표를 만들어 준다.

마음의 변화와 환경의 변화를 만들어 갈 수 있다.

즐거운 일을 찾을 수 있다.

희망을 꿈꿀 수 있다.

내가 할 수 있고, 하고 싶었던 일을 찾아낸다.

변화는 발전이다. 책을 읽으며 잠재 능력을 찾아내고, 개발하고, 발견하고, 창조하며 새로운 일에 도전해 나아간다.

자존심에 상처를 받았을 때는 자부심을 잃지 않는다

자존심에 상처를 받게 되면 삶의 의욕이 바닥으로 떨어진다. 어떤 상처는 오랫동안 못잊고 가슴 안에 남아 있게 되고, 어떤 상처는 자연적으로 치유가 된다. 타국 생활에서 겪는 인종 차별적인 언어와 행동들은 장사하는 이들에게 많은 상처를 준다. 무시하고 빈정대고 욕을 하며 '너희 물건들은 돈을 안내고 먹어도 죄가 안된다.' 는 듯이 비웃으며 '어쩔건데' 라며 그냥 나가 버린다. 수 없이 그렇게 화를 돋운다. 그들은 습관적으로 좀도둑질을 하면서 열심히 일하는 판매인들에게 상처를 주고 있다.

그들의 문제는 자기 자신 또는 자기와 관련되어 있는 것에 대하여 스스로 그 가치나 능력을 믿지 않고, 열심히 공부하지도 않고, 인성이 엉망인 가정에서 성장하고 선천적인 게으름으로 어떠한 일에도 책임감이 없이 행동하며, 자존감이 부족할 뿐아니라 자립심을 키우지 못하고 자란 사람들의 행위일 것이다.

모로코 속담에 '말이 만든 상처는 칼로 입은 상처보다 깊고 심하다.'고 했다.

자신을 스스로 비하하는 사람, 늘 부정적인 생각, 말, 행동을 하며 미래가 없는 사람은 상대방의 자존심을 짓밟는 말과 행동을 하며 이기적인 성취감의 목적을 달성하기 위해 상대방의 상황을 판단하지 못하고 내뱉는 말 한 마디마다 비수를 들이대듯 한다.

자존심은 자만과 즐거움을 느낀다는 것이고 제 몸과 품위를 스스로 높이는 마음이다. 평범하게 살아갈 자유가 있고 겸손을 유지하며 영원한 즐거움을 가져다 줄 일을 하면서 자기자신을 사랑하며, 존경하고, 믿고,의지하며 긍지를 갖고 살아갈 수 있는 자부심이다. 자신의 능력과 가치가 준비되어 자신이 할 수 있고 하고 싶은 일을 찾아 재능과 기술을 최대한도로 발휘하며 그 가능성을 발전시켜 나가면 삶의 행복이 올 것이다.

상대방이 생각하고 있는 근본 원인이 무엇인지를 분명하게 파악하지도 않는 의미 없는 말과 행동은 비수가 되어, 어느 사람에게는 커다란 마음의 상처로 남는다. 그렇게 되면 문제를 해결하고 극복해 나아갈 용기를 얻지 못하고 나아가서는 신뢰가 없는 인간 관계가 될 것이다.

배움으로 자립심을 키우고 꿈을 키워갈 것이다

어려서부터 아이들의 재능은 나타난다. 그 특성에 맞는 학교를 선택하기 위해서는 부모들의 도움이 절실히 필요하다. 잠재 능력을 키워 줄 수 있는 학교는 학생들이 커다란 꿈을 안고 스스로 즐겁게 공부할 수 있는 곳이며, 그곳에서 미래의 꿈과 호기심이 가득찬 행복한 학교 생활을 하게 될 것이다.

'미국에서 태어난 제니 학생은 공부도 열심히 잘하고 다른 예능 계통도 잘하는 예쁜 여학생이다. 그러나 고등학교로 올라가며 사춘기의 특징인 마음의 변화를 겪기 시작했다. 제니가 대학에 갔을 때는 뚜렷하게 다른 행동을 보였다. 수시로 기숙사에서 책과 생활 용품을 몽땅 가방에 싸가지고 집으로 왔다. 그리고 학교 포기, 자기 비하, 열등감, 자신감이 없는 말과 행동을 하며 사람들과의 대화를 기피했다. 그럴 때마다 부모는 다시 학교를 다니게끔 설득해 보냈다. 그렇게 몇 번을

반복한 후에 마침내 힘들게 졸업을 했다.'

마음의 병은 자기 자신을 파괴하는 무서운 병이다. 그들은 미국에서 태어나 완벽한 미국생활을 해나가리라는 부모의 생각과는 다르다.

• 자기 자신의 이질적인 모습을 힘들어하고 비관하는 것이다.

• 앞으로의 사회 생활에서 인종 차별적인 위치에 서게 될 것을 두려워하게 되는 것이다.

• 서구적인 정서에 익숙해져가는 그들과 너무 차이가 나게 되는 부모님 세대와 갈등한다는 것이다.

서로의 배움은 삶을 편리하게 해 줄 것이다. 이민 1세대는 언어와 문화의 벽을 넘지 못해 받는 스트레스와 익숙하지 않은 환경과 부딪치며 열심히 일하고 노력하며 좀더 나은 환경으로 바꾸어가고 있다. 그러나 부모가 우선 해야 할 일은 아이들처럼 완벽하진 못하더라도 이민 2세의 마음을 헤아릴 수 있는 언어 구사 능력은 필히 부모가 아이들에게 도움이 되도록 갖추어야 할 임무이고 책임일 것이다.

실제로 미국에서 교육받은 1.5세대와 2세대들은 학교와 사회 생활에서 배운 인생 가치관과 부모로부터 요구받는 가치관 사이에서 갈등, 혼란, 그리고 심적인 많은 문제들로 인해 날마다 스트레스를 받으며 살아가고 있다.

가정 생활에서 이민 1세대들은 본국 언어와 문화의 교감을 유지하며 생활해 가려 하고, 2세대들은 그 교감이 옅어져 가면서 세대 차이는 점점 더 벌어져 간다.

이민 생활은 인생의 모든 것이 뒤바뀌게 되는 생활 환경에 잘 적응해 나감으로써 자유, 질서, 만족, 행복을 느끼며 살아 갈 수가 있다.

일하는 곳에서 즐거움을 만들어간다

만족스런 인생을 만들기 위한 준비가 필요하다.

어떤 방향이 내가 할 수 있고, 하고 싶고, 행복하고, 즐겁게 일 할 수 있는 곳일까?

수 많은 일 중에서 그 가능성을 찾아 고민한다. 그러나 그럴 수 없는 조건도 있다.

이민 사회에서 하고 싶은 일을 찾기는 어려우니 할 수 있는 것만을 찾으려 노력한다.

일 할 수 있는 능력, 언어 실력, 체류 신분, 인종 차별, 비싼 등록금, 전문직 경험등의 문제와 사회 보장 서비스가 거의 없는 이민 사회에서 살아가기는 쉽지 않다.

또한 비지네스를 키워갈 수 있는 넓은 분야의 정보가 부족하다 보니 지속 할 수 있는 한계를 넘지 못하고 견딜 수 없는 좌절감을 맛보게 된다.

삶에는 즐거움이 있어야 한다.

일을 통해서 얻을 수 있는 즐거움, 전문적으로 알아가는 즐거움, 자신이 무언가를 할 수 있다는 과정의 즐거움, 그리고 땀과 눈물로 얻은 지식과 경험으로 이루어져 가는 성공의 즐거움이 있어야 한다.

만족한 생활을 유지하기 위해서는 건강을 위한 취미 생활, 휴식 할 수 있는 공간, 향상심을 가진 사람과의 인간 관계, 그리고 정해진 할 일이 있어야 한다.

'작은 회사에 다니는 리사는 열심히 일하고 이웃에 도움을 주며 사회생활을 잘 해 왔다. 그러나 어느 순간 그 일이 즐겁지 않고 흥미를 잃어 갔다. 희망이 없는 일에 매달려 살아온 것을 후회하며 삶의 의미가 없어져 버린 허탈감, 정서 불안이 되고, 가족들에게 화를 내며 폭식한다.'

리사는 일하는 곳에서 즐거움을 찾지 못했다. 마음의 위기가 찾아온 것이다. 그 위기를 극복하기위한 용기를 갖어야 한다. 다른 기회로 환경을 바꾸어 나간다. 희망의 메세지를 그림으로 그려놓고 새롭게 시작한다.

결혼은 인생에 매우 중요한 시작이다

젊은 세대에게는 학업에 대한 걱정, 취업에 대한 불안감, 결혼의 어려움, 경제적 불안정성, 사회에서의 기대하는 역할 등에서 오는 문제등으로 힘들지만 그 마음을 표현하지 못하고 초조해 한다.

쿠사카 키민도는 '독립할 마음이 없다면 아무 것도 시작하지 말라.'라고 했듯이 결혼은 개인의 삶에 매우 중요하다. 마음의 준비가 안 되어 있는 시작은 준비가 안 된채로 있다가 끝이 날 수도 있다. 그렇다고 지나치게 스트레스를 느낄 필요는 없다.

긍정적인 마음가짐으로 희망을 찾아가며 지혜로운 사람들과 대화하며 생각의 변화를 갖고, 문제의 결과에 대한 이성적인 판단을 내리는 능력을 가지며 주어진 환경에서 도전해 나아간다.

'나와 함께 일하던 사라는 어떤 힘든 일도 거부하지 않고 묵묵히 이겨내며 열심히 일하는 영리하고 강한 여인이다. 그러나 그의 남편은 어느 곳이든 일을 하러 나가면 적응하지 못하고 힘들어 하며 오래 못 다니고 불평 불만이 가득해서 다시 다른 곳으로 자주 옮겨 다닌다. 소소한 일에서도 식구들을 간섭하고 의심하며 술을 마시면 자살 시도를 해 식구들을 놀래게 하는 정신적으로 문제가 많은 사람이다.' 주어진 환경에 적응하지 못하고 힘들어 하며 자신감 결여, 자기 비하, 현실에 대한 불안감이 커져간다. 우선 사회생활에 잘 적응해 나갈 수 있는 트레이닝이 있어야 하고, 우울증을 치료하면서 부부사이에 서로의 믿음이 있는 가정 환경을 만들어 갈 필요가 있다.

결혼은 서로간의 성격, 생각, 태어난 곳, 성장 과정, 잘하는 것, 좋아하는 것, 미래 가치관, 현재 환경, 취미, 음식, 배워온 전문 지식, 경험, 사고 방식, 장점, 단점등 셀 수 없이 많은 이유들이 서로 이해가 되면서 만남이 시작되고 미래를 약속한다.

- 자신을 사랑하는 사람은 배우자도 사랑하며 아낀다.
- 서로 잘 할 수 있는 것에 도전하고 노력하는 사람은 믿고 서로 도움을 준다.
- 건강을 위한 운동이나 음식 습관이 비슷하다.
- 일하는 것을 즐기고 끈기가 있는 사람은 서로 함께 일을 한다.
- 취미 생활이 비슷해 언제나 즐겁다.
- 서로가 매너있는 대화를 습관화 한다.
- 니코틴 중독, 알코올리즘, 도박중독, 마약등을 하는 사람은 서로에게 정신적, 육체적으로 질병을 얻게 됨으로 치료를 받아야 한다.

서로 비슷하기는 해도 같아질 수 없는 성격의 차이를 인정, 이해, 용서하려고 노력하며, 상대방의 좋은 점들을 읽어가면서 서로의 대화를 듣는 자세로 서로 믿음을 쌓아간다면 스스로의 단점들을 바꾸어 가며 즐겁고 행복한 준비된 삶으로 이어갈 것이다.

03장 건강을 유지하며 **면역력**을 키운다

- 마음의 병은 마음으로 고쳐야 한다
- 마음의 기를 살린다
- 불안, 우울할 때 도움이 되는 음식
- 심호흡은 정신이 맑아진다
- 단전 호흡법
- 복식 호흡법
- 명상은 마음을 수행하는 방법이다
- 명상 방법
- 명상 수련
- 불면증의 원인을 줄인다
- 운동은 세로토닌 수치를 끌어올린다

마음의 병은 마음으로 고쳐야 한다

우울증은 자신이 자신을 공격하는 아주 무서운 병이다. 마음의 병인 우울증은 생물학적인 요인으로 뇌속을 흐르는 세로토닌과 같은 신경 전달 물질 부족이 주된 원인이다.

소량의 항우울제와 인지 행동 요법, 대인 관계 갈등 해결 요법을 곁들여 장기간 치료하면 많이 좋아진다.

습관적으로 해야 하는 활동중에 햇볕을 자주 쐬어야 하고, 집에서 혼자 오래 있지 말고 친구들, 주위 사람들과 자주 만나 이야기를 나누며 함께 취미 활동이나 종교 활동을 하면서 스스로에게 즐거운 시간을 만들고, 밖으로 나가 걷기 운동, 가벼운 달리기 운동, 산책, 규칙적인 유산소 운동, 야채, 과일 많이 먹고 규칙적으로 식사 한다.

커피, 술, 콜라, 녹차, 박카스 등은 피하고, 내가 할 수 있는 일에 도전해서 보람을 찾는다.

자신의 몸과 마음의 컨디션을 스스로 인지하는 습관을 갖어야 한다.

몸은 아프다고 신호를 주지만 마음은 아프다는 신호를 주어도 잘 알 수가 없다.

봄, 여름, 가을, 겨울의 기후가 다르듯이 사람에게도 남자, 여자, 십대에서 노인에 이르기까지 살아 가면서 겪게 되는 각기 다른 스트레스와 마음의 병이 온다. 그 마음의 병이 어디에서 오는 가를 확실하게 알아야 해결의 방법을 찾게 된다.

감기에 걸리면 감기약을 먹고 며칠 휴식하면 낫는 것처럼 치료 받고 다시 건강한 정상적인 삶이 이어질 것이다.

'기분부전증(Dysthymic disorder)은 증상은 심하지 않고 자살 충동은 거의 없어 입원 치료는 필요 없지만 증상들이 2년 이상 지속되는 일종의 만성 우울증이다. 증상이 심하지 않아 그런대로 가정 생활, 직장 생활은 유지할 수 있지만 지속되는 우울 증세 때문에 늘 우울감에 젖어 있고 무기력하고 도전적, 적극성이 없고 자신감, 자존감이 낮아 사회 구성원 으로서의 자신이 가진 능력을 발휘하지 못한다.'

'청소년 우울증은 집안 환경에 불평, 불만이 많고 가족들에게 화를 잘내고 학교에서도 친구들과 잘 다투며 부모의 간섭에 짜증을 내며 가끔 화산이 폭발하듯 분노로 나타낸다. 청소년은 자살 행동이나 범죄 행위를 저지를 수 있어 치료를 늦추면 안된다.'

못마땅하고 화나는 일이 생길 때는 가슴 안에 쌓아 두지 말고 그 분노를 운동으로 푼다. 그리고 음악, 산책, 명상 등으로 우울함을 날려 보낸다.

'주부 우울증은 아이와 남편에게 받는 스트레스가 주 원인으로 사회 활동을 하는 남편과 자신의 처지를 비교해 좌절감이나 실망감, 고

립감을 느끼고 그것 때문에 발생되는 짜증과 스트레스를 아이에게 풀기도 한다.'

사회 생활 중에 한가지를 (예를 들면 그림 그리기, 악기 배우기, 봉사 활동, 스포츠 등) 취미로 선택해 열심히 해보자.

가정의 일과 사회의 일을 함께 잘해 나아가야 하는 것은 남편과 아내의 똑같은 책임감이라고 생각한다.

어느 한편이 기울어 지면 기울어진 쪽은 스트레스가 쌓여 실망감을 느끼며 즐거움이 사라지고 웃음이 없는 우울한 날을 보내게 될 것이다.

'폐경기 우울증은 호르몬 감소, 불면증, 우울증, 불안감, 기억력 감퇴, 허전함, 상실감, 만성적 피로감 등으로 쉽게 긴장이 되고 감정 기복이 심해 짜증을 잘 내고 잠을 잘 자지 못하고 어지러운 것 등이 주요 증상이다.'

규칙적으로 햇볕 쐬기를 하며 식이 요법 등으로 호르몬 시스템을 정상으로 만든다.

자신의 능력을 잃어버린 것 같은 상실감, 허탈감 등은 복식 호흡을 하며 인생에 휴식의 쉼표를 주자.

몸과 마음이 환자인 것 같은 불안감으로부터 오는 우울함을 극복할 용기와 의욕을 갖는다.

'40대 우울증은 숨이 막히는 것처럼 가슴이 답답하고 눈이 아프고 어깨가 결리며 두통이 나타나고 몸의 여기 저기가 불편하게 느껴지는 신체적 증상으로 쉽게 피곤을 느끼고 집중력 기억력 감퇴, 정력 감퇴, 수면 장애, 체중 감소, 심리적으로 큰 변화를 겪는 시기이다.'

심리적으로부터 오는 큰 부담감은 잘못된 습관을 만들고 그로 인해 몸과 마음의 건강을 해치기 쉽다.

'50대 우울증은 의욕 저하, 일상 기능 떨어짐, 수면 장애, 불안, 성욕 및 집중력이 저하된다. 환자가 마음을 열어 고통을 호소했는데 이를 무시하면 상태가 악화되어 자살등 극단적인 선택을 할 수 있다.'

인간 관계의 대화가 능률적인 일로 이어지도록 서로가 도움이 되어 주어야 한다.

'60대 우울증은 사별, 경제적 어려움, 은퇴, 대인 관계 단절, 질병, 신체적인 변화 등이 주된 원인이 된다.'

정신적, 육체적으로 건전한 생각을 하며 긍정적인 마음가짐으로 사회적인 변화를 받아들인다.

'노년 우울증은 박탈감, 사라져 가는 존재감, 그리고 외로움, 건강, 직장, 돈, 친구, 배우자를 잃게 되고 사회 심리적 스트레스가 취약한 노인의 뇌 상태와 겹쳐져 노년기의 우울증을 부르게 된다. 몸이 아프다 등의 신체 증상을 호소하거나 집중이 되지 않고 기억력이 떨어지는 등의 기억 장애 호소, 기운이 없고 행동이 느려지거나 여러 군데가 자꾸 아프다.'

주위 환경에 어울리는 사람이 되자.

마음의 기를 살린다

'일상생활의 인간 관계에서 스트레스를 받고 면역력이 떨어지면, 생활 리듬이 깨지며 쉽게 지치고 피로감이 쌓인다. 아무 것도 할 수 없을 것 같이 기운이 허해진다.'

마음의 기를 살리기 위해 조깅, 명상, 그리고 산책을 하면서 따뜻한 햇살을 즐기며 시원한 바람, 맑은 하늘, 예쁜 꽃들, 파란 잔디, 나무 숲의 맑은 공기를 마시며 새로운 기분으로 허해진 마음을 바꾸어 간다.

에너지는 삶의 원동력이며 행동할 수 있는 힘의 근원이 된다.
힘은 자기 자신의 운명을 지배할 수 있는 능력이며 활력이다.
육체적인 건강을 유지하면서 마음 안에 힘을 저축해 간다.
때로 마음의 휴식이 필요하다.
내가 좋아하는 일과 하고 싶은 일을 찾아보자.

괴테는 '확실한 일을 실행 할 힘은 누구나 가지고 있다.'고 했다.

일상생활의 할 일을 외면하려는 사람에게도, 책임감 없이 태만하고 무관심으로 일관하는 사람에게도, 안개 속을 걷는 것 같은 환경이 지속된다 해도, 자신이 무엇이든 실행 할 '힘'을 갖고 있으면, 극복할 용기와 의욕이 생길 것이다.

불안, 우울할 때 도움이 되는 음식

사과 : 사과는 비타민 B1, B2, C, 카로틴, 인, 칼슘, 칼륨, 철분을 비롯해 우울증과 직접 연관 있는 아연 성분도 있다. 또 사과 향기가 우울증이나 억압감을 치료하는데 효과가 있다.

오렌지 : 오렌지의 비타민 C는 혈압과 스트레스를 상승시키는 호르몬인 코티솔의 수치를 낮추는 효과가 있다. 비타민 C의 효과를 보다 빨리 나타나게 하기 위해서는 오렌지 한 개를 통째로 먹거나 갓 짜낸 신선한 오렌지 쥬스를 먹는 것이 좋다.

바나나 : 바나나에 있는 트립토판은 마음을 편안하게 해준다.

대추 : 배뇨 작용과 열을 내리는데 도움을 주며 마음을 편안하게 해주는 효과가 있다. 특히 말린 대추를 그대로 먹거나 차로 자주 마시

면 감기도 예방하고 불안 증세도 해소 된다.

토마토 : 토마토에는 비타민 B군, 엽산이 풍부하다.

블루베리, 스트로베리, 라즈베리, 블랙베리, 아사이베리, : 블루베리는 항산화 성분과 비타민 C가 풍부하게 함유되어 있어 스트레스 완화에 도움이 된다. 우리 몸은 세포를 회복시키고 보호하기 위해 비타민C와 항산화 성분을 필요로 하기 때문이다. 베리류에 풍부하게 들어 있는 항산화 성분이 우울감을 줄이고, 몸의 활력을 불어 넣는데 도움을 준다.

시금치 : 시금치에 있는 비타민B 군과 엽산 성분이 우울증 개선에 도움을 준다. 시금치에는 코티솔 수치를 조절하고 안정감을 높여주는 마그네슘이 풍부하게 함유되어 있다. 시금치 한 컵으로 마그네슘 일일 섭취 권장량의 40%를 섭취할 수 있다.

아스파라거스 : 우울해지면 엽산의 수치가 낮아진다. 감정의 기복과 상관이 있는 엽산의 수치를 높여주는 것이 좋은데, 아스파라거스에는 엽산이 풍부해 한 컵에 엽산 일일 권장량 2/3 가 들어있다.

버섯 : 버섯은 인슐린 분비를 억제해 혈당을 낮추어 준다. 이는 기분을 편안하게 한다. 버섯의 프로바이오틱 성분은 건강에 좋은 장내 세균을 활성화시킨다. 이 세균은 세로토닌이 생성되게 도와준다.

마카뿌리 : 마카뿌리는 마그네슘, 철분 같은 파이토 뉴트리먼트가 많이 함류되어 있다. 지구력과 건강한 에너지를 얻기 위해 자주 사용

되는 식품이다.

해조류 : 다시마, 미역 등에는 요오드 성분이 풍부하다. 요오드가 부족하면 우울한 기분을 느끼게 된다.

굴 : 굴에 풍부하게 들어있는 아연 성분은 우울증, 치매 예방에 좋다.

연어 : 마음의 안정에 도움을 주기 위해서는 생선을 많이 먹는 것이 좋다. 오메가-3 지방산이 풍부하게 함유된 식단은 긴장했을 때 코티솔과 아드레날린의 수치가 증가하지 않게 한다. 그 중 연어는 오메가-3 공급원 중 하나이다.

고등어, 꽁치, 장어 : 지방 함량이 많은 생선들은 불안감을 해소 하는데 도움이 된다.

오리고기 : 오리고기에는 불포화지방산, 칼륨, 인, 마그네슘, 칼슘, 철을 비롯해 비타민 B군이 풍부하다. 비타민 B1은 기억력을 향상 시키는데 도움을 주며, 비티민 B2는 세로토닌 분비를 촉진시켜 준다.

콩 : 콩에는 필수아미노산, 비타민 B군, 칼슘, 인, 철, 나트륨, 마그네슘이 많이 들어 있다.

카레 : 카레를 만드는 재료 중 하나인 강황에 커큐민 성분이 우울함을 개선하는데 도움을 준다.

우유 : 잠자기 전에 따끈한 우유를 마시면 불면증과 불안증에 효과

가 있다. 이유는 우유에 항산화 물질인 비타민 B2, B12와 단백질, 칼슘등이 풍부하게 함류되어 있기 때문이고, 단백질 락티움은 혈압을 낮춰 안정을 주는 효과가 있다.

호두 : 호두는 항산화 물질, 섬유질, 단백질, 비타민, 미네랄, 오메가-3등 지방산을 함유하고 있으며 그 중 식물성 오메가-3성분이 우울증을 예방하고, 감소시키며 두뇌 건강에도 탁월하다. 그리고 호두 속에 있는 비티민 E도 우울증에 도움을 준다.

아몬드 : 아몬드에는 비타민 B2와 비타민 E가 상당량 함류되어 있다. 비타민 E와 비타민 E2는 스트레스를 받는 동안에 면역 체계를 보호하는데 도움이 된다. 매일 1/4컵 섭취하는 것으로 효과를 볼 수 있다.

초콜릿 : 다크 초콜릿, 특히 설탕과 우유가 첨가되지 않은 순수한 초콜릿은 불안 증상을 유발하는 스트레스 호르몬인 코티솔 수치를 낮추는데 도움을 주며 기분 향상을 도와주는 혼합물도 포함하고 있다.

녹차 : 녹차에 있는 테아닌 성분이 풍부해 뇌를 편안하게 하는데 도움을 주며 불안정한 심신을 안정 시켜주는 효능이 있다. 녹차에도 카페인이 들어 있기 때문에 과다한 섭취 보다는 적당량만 섭취하는게 더 도움이 된다.

-백과 사전 참조 -

심호흡은
정신이 맑아진다

심호흡은 혈압, 심박수, 혈액 순환, 소화기관 등 여러 기관의 균형을 유지해 주고, 부정적인 감정을 배출해 준다.

깊은 숨을 들이 쉬는 순간, 신체를 진정시키고 마음에 안도감을 준다.

심호흡은 스트레스를 줄이며 불안을 줄이는 데에 큰 도움이 된다.

호흡을 잘하면 자신을 위한 주의를 환기 시킬 수 있다.

우리의 삶의 질을 향상시킬 수가 있다.

충분한 수면을 취할 수 있다.

두통, 근육통이 줄어든다.

일에 집중력이 생긴다.

심호흡은 깊고, 천천히, 그리고 신중하게 한다.

앨릭스 코브는 '스트레스를 받거나 불안할 때면 근육이 긴장되는 경향이 있다.

숨을 깊이 들이마신 다음 근육에 단단히 힘을 준다. 몇초 동안 그 상태를 유지하다가 한숨을 쉬듯이 숨을 내쉬며 긴장을 푼다. 힘을 꽉 줬다가 빼면서 근육 이완을 시켜준다.'

'불안하거나 무언가에 압도된 느낌을 받았을 때는 느린 호흡이 도움이 된다.'

'느린 호흡이 낙천적인 감정을 증가시키고 우울, 불안, 전반적인 스트레스를 감소 시킨다는 것을 보여 주었다.'

'빠른 호흡으로 에너지를 얻자. 그럴때는 20~30초 동안 짧고 얕게 호흡해 보자. 현기증이 날 수 있으니 너무 오래 하는 것은 좋지 않다.'

'안절부절못하거나 나쁜 습관인지 알면서도 하지 않을 수 없다고 느껴질 때는 숨을 깊이 들이 쉬어라. 천천히 내쉬고 다시한번 깊이 들이쉰다. 필요한만큼 이 과정을 반복한다. 길고 느린 호흡은 뇌의 스트레스 반응을 진정시킨다.'

단전 호흡법

1. 가부좌를 틀면 좋겠지만 양반다리 정도로도 좋다.

2. 혀를 입천장에 말아서 댄다.

3. 코를 통해 5초 동안 서서히 숨을 들이마시는데, 아랫배 즉 단전으로 숨이 들어간다고 생각하고 5초 동안 단전이 서서히 앞으로 나오게 의식적으로 배를 내민다.

4. 혀를 풀어서 '후'하고 말하는 자세로 5초동안 숨을 내쉰다. 물론 내민 단전은 원래대로 들어가게 된다.

5. 계속하면 30초 혹은 이상까지 호흡이 가능하게 된다. 여기에 집중하다 보면 모든 것을 잊어버리고, 하는 도중에 졸음이 쏟아질 정도로 몸은 이완된다.

복식 호흡법

복식 호흡은 심폐기능을 향상시키고 불면증, 우울증, 불안장애 등을 치료한다. 자율신경을 안정시키고 콜레스테롤 감소, 심혈관 질환 예방, 고혈압 치료등에 효과가 있다.

복식 호흡은 숨을 들이마실 때 배가 나오는 호흡법이다. 깊고, 느리고, 고른 호흡을 익히면 건강해 질 수 있다.

'바닥에 편안히 눕고 두눈을 감는다. 바닥에 몸을 맡기듯이 근육을 이완시킨다.'

'한 손은 배위에 다른 손은 가슴에 올려 놓는다. 손으로 호흡을 확인할 수 있도록 하기 위해서다.'

'코를 통해 천천히, 가능한한 깊게 숨을 마시면서 배를 최대한 내민다. 이때 어깨와 가슴이 움직이지 않도록 주의한다.'

'숨을 잠시 멈춘다. 숨을 최대한 들이마신 상태에서 1초 정도 숨을 멈추면 호흡법을 연습하는데 도움이 된다.'

'숨을 뱉어 배를 완전히 수축시킨다. 코나 입을 통해 천천히 배가

쏙 들어갈 정도로 숨을 내쉰다.'

'차츰 횟수를 늘려 간다. 처음엔 1분에 10회 정도, 차츰 익숙해지면 1분에 6~8회 정도씩 호흡한다. 하루에 3번, 한번에 3분씩만 해도 2주쯤 후에는 몸이 가뿐해지는걸 느낄 수 있다.'

명상은 마음을 수행하는 방법이다

'미국 국립 보건원의 통계 조사에 따르면 2백만명 이상의 미국인이 지난 12개월 동안 명상을 했다고 한다. 미국인들이 명상을 하는 이유는 통증, 우울증, 스트레스, 불안, 불면증을 완화하며 암 같은 만성질환과 정서적 압박을 극복하기 위해서 라고 한다.'

'명상은 화를 다스리는데 굉장히 도움이 된다.'

'화를 건설적으로 다스리는 법을 배울 수 있다.'

'마음속에 바라는 것이 없고 화가 나는 일의 원인과 이유를 받아들이는 것이 화를 다스리는 방법이다.'

'명상은 자고 있던 뇌를 깨우는 것이다.'

'명상은 뇌를 변하게 하고, 면역력을 증가 시키고, 집중력을 강하게 하고 자신을 컨트롤 할 수 있는 힘을 준다.'

'자기가 하는 일에 집중하는 것도 명상이다.'

스티브 잡스는 '생각이 하나로 모이면 태산도 움직일 수 있다. 눈 감고 침묵하기 명상은 마음을 수행하는 방법이다. 집중(focus)과 단순함(simplicity)에 몰두한다. 명상이란 잡념을 버리고 생각을 하나로 모으는 훈련이다. 생각을 하나로 모으면 우리 안에 있는 잠재 능력과 아이디어가 자연스럽게 떠오른다.'라고 말했다.

1960년대 영국 팝 음악계의 아이콘인 비틀즈는 '자기 자신을 초월했을 때 당신은 알게 될 거다. 마음의 평화가 그곳에서 기다린다는 것을. 명상을 통해 얻은 음악적 영감은 세계 정치와 사회 문제를 담은 음악을 만들어 냈고, 그때부터 진짜 비틀즈다운 음악들이 탄생하는 계기가 되었다.'라고 말했다.

명상 방법

명상은 조용히 자신의 마음에 귀 기울려 높은 수준의 자각을 이룸과 동시에 내면의 평안에 도달하게 해준다.

'조용한 장소를 고르라. 나무 아래나 정원의 무성한 풀에 앉아서 명상을 하면 평안을 얻기 쉽다.'

'최대한 편한 복장을 입어라. 헐렁한 옷을 입고 신발도 가급적 신지 않도록 한다.'

'명상 시간을 정하라. 하루에 5분 혹은 20분 매일 똑같은 시간에 명상한다.'

'스트레칭을 하라. 긴장을 완화시켜 주고 몸과 마음이 명상할 준비를 하도록 돕는다.'

'편안한 자세로 앉아라. 등을 곧게 펴고 머리를 들 수 있는 균형 잡힌 자세를 취하는 것이 좋다. 다리를 꼬지 않고서 그냥 방석이나 의자 명상 벤치에 앉을 수도 있다.'

'눈을 감아라. 외부로 부터 오는 시각적 자극을 차단해 마음이 편안해지면 방해받지 않을 수 있다.'

명상 수련

1. '호흡을 따른다.

가장 기본적이고 보편적인 방법으로 통하는 호흡 명상으로 수련을 시작한다. 배꼽 위의 한 지점을 골라서 그 곳에 온 마음을 집중시킨다. 숨을 들이쉬고 내쉴 때마다 복부가 올라갔다 내려갔다 하는 것을 느껴보라. 의식적으로 호흡의 패턴을 바꾸려고 노력하지 말고 그냥 편안하게 숨쉰다.'

2. '마음을 비운다.

명상을 위해서는 한가지에만 집중한다.'

3. '만트라를 반복한다.

마음이 고요해지고 깊은 명상 상태로 들어갈 때까지 만트라(소리, 단어, 문구) 등을 계속 반복하는 명상법이다. 만트라로 '하나' '평화' '고요' '평온'과같은 단어들을 쓰는 것도 좋은 방법이다. 더 깊은 의식세계로 진입한 후에는 더 이상 만트라를 외우지 않아도 상관없다.'

4. '눈에 보이는 단순한 물체에 정신을 집중한다.'

5. '시각화를 수련한다.

모래해변, 초원, 숲, 편안한 거실이 될 수 있다. 자신만의 공간으로 만드는 것이 중요하다'

6. '바디 스캔을 한다.

몸의 이완을 도울뿐 아니라 마음을 편안하게 해준다. 주로 발가락에서 시작하는 경우가 많다. 몸을 따라서 행하되 발부터 종아리, 무릎, 허벅지, 엉덩이, 배, 가슴, 등, 어깨,팔, 손, 손가락, 목, 얼굴, 귀, 정수리, 몸 전체에 집중하고 고요함과 해방감을 느낀다. 명상을 끝내기 전에는 몇분 동안 호흡에 집중한다.'

7. '마음 차크라 명상을 한다.

가슴의 중앙에 있으며 사랑, 연민, 평화, 수용과 관련이 있다. 마음 차크라는 이런 감정을 다루면서 그것들을 세상으로 내보내는 명상법이다. 눈을 감고 양손의 손바닥을 비벼 온기와 에너지를 만들면서 시작한다. 오른손을 가슴 중앙에 올리고 왼손도 그 위에 올린다. 숨을 뱉을 때 심호흡을 하고 "얌", 그리고 밝은 그린 에너지를 상상 한다.'

8. '걷기 명상을 하라.

최소한 직선으로 일곱 걸음을 나아가서 방향을 바꿀 수 있는 정도에서 오른 발을 내디뎌라. 다음 걸음으로 옮겨가기 전에 잠깐 멈춘다. 완전 멈춰선 후 오른 발로 중심 잡고 돌아선다. 오직 발의 움직임에만 초점을 둔다. 마음을 비우고 발과 그 아래 땅이 어떻게 연결되어 있는지 집중한다.'

불면증의 원인을 줄인다

'수잔은 오랫동안 만성 불면증으로 시달리며 약을 복용한다. 대인 관계도 많지 않고, 에너지 넘치도록 집중할 일도 없고, 자녀들은 모두 자립하였다. 나이가 들면서 치매가 시작되어 정신적인 불균형을 나타내며, 늘 불평, 불만을 늘어 놓는다.'

걱정과 스트레스를 줄여야 한다.

스트레칭, 숙면에 좋은 체조, 편안한 숙면을 위한 요가 등의 규칙적인 운동을 하며 생활의 리듬을 바꾸어 수면의 질을 향상시킨다.

햇볕 쐬기를 하면 멜라토닌이라는 신경 전달 물질이 잘 분비되어 잠을 자도록 준비시키는 일을 담당해 질좋은 수면을 취할 수 있도록 도와준다.

친구나 가족들을 만나 즐겁고 행복한 날을 지낸다.

긍정적인 마음으로 평안을 유지한다.

불면증에 좋은 음식들, 꿀, 통곡물, 바나나, 콩, 유제품, 견과류,

귀리, 닭고기, 병아리콩(칙피), 요구르트, 체리쥬스, 녹색잎 채소, 허브차, 포도, 계란 등을 즐겨 먹는다.

불면증은 단기적일 경우에는 건강에 위험하지 않다.

억지로 자는 것이 아니라 피곤하고 졸릴 때 잠을 자고 난 후면 기분이 상쾌해지고 다시 활동할 수 있는 에너지가 생기게 된다.

앨릭스 코브는 '불면증과 우울증은 서로 주고 받는 관계다. 불면증의 원인이 되는 걱정 거리를 적어 본다. 잠은 걱정과 불안을 줄여준다. 잠은 통증 완화, 우울증에 많은 영향을 미친다.'라고 했다.

'잠자기 편한 환경으로 만든다.'

'긴장을 풀고 침착한 상태를 유지한다.'

'잠은 스트레스를 줄이고 기분을 좋게 해 준다.'

'잠은 명료한 사고력을 풍부하게 해 준다.'

'학습과 기억력을 향상시킨다.'

'잠을 자려할 때는 침실을 아주 어둡게 해 두어야 한다.'

'해가 진 뒤에는 밝은 빛을 피하고, 수면의 질이 높아지려면 뇌가 차분해져야 한다. 잠을 자는 동안 해로운 노폐물이 사라지기 때문에 잘자고 나면 피로가 풀렸다고 느껴진다.'

'낮에는 환하게 생활한다. 낮 동안의 밝은 빛은 일주기 리듬에 맞추도록 도와 주고 수면의 질을 향상시킨다.'

'규칙적으로 낮잠을 자는 것은 좋지 않다.'

'신체 활동을 생활의 규칙으로 만든다.'

운동은 세로토닌 수치를 끌어올린다

마음의 감기라고 하는 우울증은 그만큼 많은 사람들이 걸리는 병이며 빠르고 적절한 치료가 이루어지는 경우에는 완치가 가능하다.

운동은 우울한 느낌이나 근심을 제거해 주고, 스트레스를 감소하고, 심장을 강하게 하고, 에너지 증진, 혈압을 내려주고, 뼈를 튼튼하게 해주고, 비만 감소, 잠을 도와주고, 몸과 마음을 건강하게 해 준다.

운동은 집중력과 침착성을 높이는 한편 충동성을 낮춰 준다.

운동을 하면 뇌가 엔돌핀을 분비해 아픔을 감소시키고, 몸에 긍정적인 느낌을 주고, 진정제 역활을 한다.

자전거 타기, 댄싱, 정원가꾸기, 골프, 집안 일, 죠깅, 에어로빅, 테니스, 수영, 걷기, 농사 일, 요가 등으로 운동을 시작해 보자.

작심 삼일의 운동이라도 시작을 하고 자꾸 반복하다 보면 습관이 생기지 않을까?

몸과 마음의 건강을 위한 중요한 일중에 한가지는 '운동'이다.

밥을 한그릇 먹고 텔레비젼을 보는 사람은 그 많은 에너지가 몸 안에 쌓이지만 '걷기'를 열심히 하면 그 에너지가 온몸에 활력을 넣어 주고 기분이 좋아지고 삶의 의욕이 넘치게 될 것이다.

우울함은 순간 순간 풀어가면서 기분을 정상으로 만들어 놓아야 한다.

걱정거리, 스트레스를 쌓아 두면 몸과 마음이 고생을 한다.

운동으로 그 우울함을 그 즉시 없애 버린다.

그것이 언제나 즐겁게 삶을 살아가는 비결이 아닐까?

앨릭스 코브는 '운동은 신체적으로 무기력하고 피곤한 몸에 에너지와 활력을 준다.

수면의 질을 높여 주고, 식욕을 증진해 식사를 즐겁게 하고 건강을 개선한다.

정신적으로 집중력, 정신적 예리함, 계획, 결정을 내리는데 도움을 준다.

기분이 좋아지고 불안, 스트레스를 떨어뜨리고 자존감을 높인다.

사회적으로 고립, 외로움에서 세상 밖으로 나가게 해주는 경향이 있다.'라고 했다. 운동은 꾸준히 지속적으로 생활화하면서 긍정적인 생활의 변화를 가져올 것이다.

04장 일을 즐겁게 하는 것은 **행복의** 지름길이다

- 작은 걱정 거리를 해결해서 불안감을 없애준다
- 구체적인 계획으로 목표를 세워 도전한다
- 헤어짐의 현실을 인정하고 받아들여야 한다
- 만성적인 스트레스는 우울증을 초래한다
- 스트레스가 계속되면 면역계를 파괴시킨다
- 스트레스는 즉시 풀어주어야 한다
- 퇴직은 다음의 목표를 이룰 수 있는 기회이다
- 건강한 사고를 갖고 일을 한다

작은 걱정 거리를 해결해서 불안감을 없애준다

'어느 날 늦은 저녁 시간에 델리가게 문을 닫고 코 워커와 이 얘기저 얘기하며 집에 가기 위해 길을 걷고 있는데, 갑자기 한 소년이 자전거를 타고 내 앞으로 부딪칠 듯이 달려온다. 그런 상황에 당황한 코워커는 재빠르게 길 건너로 달아나 버리고 나는 소리 지르며 이리 뛰고 저리 뛰고 하다가 내가 들고 있는 플리스틱 백을 소년이 뺏으려 해서 아스팔트 길에 넘어졌다. 본능적으로 일어나 정신없이 달려서 집에 와 보니 갈기갈기 찢어진 플라스틱 백 안에 영수증들은 그대로 있고 약병이 없어졌다.'

흠뻑 젖은 땀을 씻으러 목욕탕에 가서 보니 무릎이 많이 깨져 뼈가 보이는 곳에서 피가 나오고 팔꿈치도 다쳤다. 무릎이 붓기 시작한다. 밤새 신음하다가 다음날 아침 일찍 병원에 가서 필리핀 의사로부터 치료를 받고 약을 갖고 와 두달 동안 지팡이에 의지하고 지내면서 생각한다. '나는 무엇을 하려는 사람인가?' 하는 생각에 혼란스러웠다.

초조해지고, 걱정되고, 불안감이 밀려왔다.

큰 길이었지만 어두웠고 그때 그 소년이 까만 총으로 나를 쏘았다면 내가 뛰어간들 무슨 소용이 있었겠는가?

한국 속담에 '소 잃고 외양간 고친다.'라는 말이 있다. 아무리 가까워도 자동차를 타고 다녀야겠다. 언제나 긴장의 끈을 놓지 않아야 하고 모든 일에 가능성을 열어 놓고 예방을 하며 살아가야 한다.

불안한 현실의 위기에 부딪쳤을때, 그리고 어떤 해결의 실마리가 잘 보이지 않고, 너무 힘들고, 그 순간의 복잡함과 답답함의 환경에서 벗어나기 위하여 변화의 길을 어떻게 찾아가야 하나?

위기의 순간에는 이성적인 판단과 현명한 지혜가 필요하다.

어떤 준비가 안되어 있는 상황에서 시작한 일들은 많은 헛점들이 드러난다.

그럴때 제일 중요한 것은 마음가짐이다. 그 상황을 극복할 용기와 의욕을 잃지 않아야 해결 방법이 떠오른다.

정신적으로 건강하면 방법이 세워지고 준비하는 마음과 행동이 따르게 된다. 위험한 위기도 이겨낼 수 있게 된다.

불안이라는 것은 마음의 안정을 찾지 못하고 어떤 일이 걱정되면서 늘 마음이 긴장되어 편하지 못하고 초조하여 감정이 압박 당하는 상태를 말한다.

걱정이나 불안의 대상은 건강, 경제적 문제, 실직, 직업, 취업, 성적, 특이한 환경, 위험한 장소 등이 있다.

신경이 날카로워져 업무에 집중이 잘 안되고 일상생활에 장애가 생기기도 한다.

마음이 불안하고 초조해지고 심하면 심장이 두근거리고 가슴이 답답해지게 된다.

앨릭스 코브는 '확실성이 아니라 가능성이 불안과 걱정을 촉발한다.'

'아무리 작은 일이라도 일단 한가지를 결정하고 나면 어떤 일이든 더 쉽게 처리할 수 있을것 같은 기분이 든다.'

'걱정은 주로 생각을 기반으로 하는데 비해, 불안은 신체 감각 같은 육체적 요소나 관련 행동과 더 깊은 관계가 있다.'

'한마디로 걱정은 잠재적 문제에 관해 생각하는 것이고, 불안은 잠재적 문제를 느끼는 것이다.'

'공포는 바로 지금 여기에 실재하는 진짜 위험에 대한 반응이고, 불안은 단지 일어날 수도 있는 사건, 예측하거나 통제하지 못하는 사건에 대한 염려다.'

'그리고 걱정은 흔히 완벽한 선택을 하거나 모든것을 극대화하고 싶을 때 촉발된다.'라고 앨릭스 코브는 그 의미를 말했다.

널비스하고 초조해 하는 것은 어떤 문제의 해결에 도움이 안된다.

완벽하려고 걱정하는 것 보다 잘될 것을 바라는 것이 더 낫다.

부정적인 상상으로 불안한 생각을 하는 것 보다 그 상황을 이겨 나갈 수 있는 자신감이 필요할 것이다.

총과 같은 무기가 가까이 있는 이 현실에서 공포감과 두려움을 느낀다면 당연히 피할 수 있는 미래의 희망을 위해 기도한다.

구체적인 계획으로 목표를 세워 도전한다

"처음에 이민 왔을 때는 익숙한게 하나도 없고, 잘할 수 있는 것도 없고, 구체적인 목표도 없고, 젊음을 자본으로 이것저것 해 보면서 경험을 쌓는다. 나의 지인은 20번을 넘게 직업을 바꾸며 경험을 쌓다가 잘할 수 있는 것을 한 가지 찾게 되어 그것으로 직업 안정을 찾았다는 웃지 못할 경험담을 이야기 한다."

구체적인 목표가 없으니 어떤 일을 시작하면서 부터 우왕좌왕하다가 안되면 쉽게 포기하고, 실패하고 나면 새로 시작하기까지 오랜 시간이 걸린다.

그리스 철학자인 아리스토텔레스는 '성공과 행복을 위해 명백하고 분명하고 실제적인 이상, 즉 목표나 목적을 가져라. 그 목적을 달성하기 위해서 가능한 한 모든 수단, 즉 그것이 지혜든, 돈이든, 물건이든, 어떤 방법이든 이용할 수 있는 모든 것을 동원하라고 권하고 있다. 또한 그 목적을 위해 당신의 모든 방법을 그것에 조준하라.'고 말했다.

내가 할 수 있는 능력의 구체적인 계획으로 목표를 세운다. 그리고 가장 잘할 수 있는 것으로 현실적인 계획의 방향이 정해지면 실천하기 위한 목표 달성을 위해 끈질긴 노력과 집념으로 불안한 환경일지라도 적극적으로 방법을 찾아 도전해 가는 것이다.

쥴리어스 어빙은 '목표가 미래의 당신을 결정해 준다.'고 말했듯이, 구체적인 계획과 목표없이 가는 배는 방향을 잃고 헤매다가 좌초되고 만다.

목표가 정해지면 희망이 생기고 삶의 의미가 있는 방향으로 발전해 갈 것이다.

자신의 능력을 발견하고 그 방향으로 시간을 투자한다.

언제나 긍정적인 사람들과 대화를 나누고 용기를 얻으며 그들의 경험을 듣고 배운다.

레오나르드 다빈치는 '충분히 생각하고 계획을 세우되 일단 계획을 세웠거든 꿋꿋이 나가야 한다.'라고 말한 것처럼, 자신의 마음을 믿고 위로하며 용기와 격려를 해주고 마음을 일깨우며 끈기있게 목표를 위해 꾸준히 실천해 가는 것이다.

미리부터 불운이라고 생각하고 포기하지 말고 계획된 과제를 끝까지 극복해 가는 것이다.

헤어짐의 현실을 인정하고 받아들여야 한다

가까이 함께 살아가던 사람들이 영원히 헤어지는 비극이 오면 어느 무엇으로도 그 빈자리를 메꿀 수는 없다.

함께 살다가 영원히 헤어짐은 아마 숙명일지도 모른다.

그 빈자리를 채울 수 있는 것은 아무것도 없다.

"나와 가까이 있던 사람들과의 헤어짐은 20대 초에서 지금까지 이어진다. 뇌막염으로 44세에 돌아가신 어머니로부터 약주를 좋아하시던 아버지는 심장병으로 떠나시고, 친구는 유방암으로 하늘 나라에 가버리고, 노년으로 세상을 떠나시고, 담배를 좋아해 폐암으로 가버리고, 이민을 함께 오셨던 분은 신장병으로 돌아가시고, 작년 이맘때 '나는 건강해' 하시던 분이 간암 말기로 하느님 나라로 가셨다." 이분들은 모두 나에게 가슴 아픈 상처와 슬픔을 주고 떠나가셨다.

그 슬픔은 언제나 간직하고 살아가야 한다. 그 슬픔을 잊기 위해

바쁘게 일하며 살기로 했다.

몸과 마음이 바빠서 그 슬픔을 오래 생각할 겨를이 없게 하기로 했다.

나를 슬프게한 그들을 잊을 수 없는 것은 살아가고 있는 내가 정신적인 도움이 필요해서 그럴 것이다.

자신의 존재를 확인하며 스스로 위로해 주어야 한다.

나를 지탱해야 하는 것은 나 자신일 뿐이다.

많이 일하고, 사람들을 많이 만나 얘기 나누고, 생각도 많이 하면서 우울한 마음을 바꾸어 가야 한다.

니체는 '위대한 것은 방향을 결정하는 것이다.'라고 했나.

가까운 사람을 잃게 되면 삶이 송두리째 바뀐다. 그 상실감과 충격때문에 자신의 삶의 방향 감각이 정상이 아닐 때가 있다.

사람이 겪을 수 있는 가장 고통스런 경험의 현실에 부딪쳤을 때 우리의 잘못된 생각과 행동으로 방향을 결정하는데 어려움을 갖게 된다.

슬픈 감정과 눈물의 나날들을 이겨나가기 위해 올바른 방향이 무엇인지를 고민하면서 자신감을 갖고 선택의 길을 찾아야 할 것이다.

나는 내 자신을 믿고 의지하며 자립심을 키워 나가야 할 것이다.

나의 능력을 평가하고 시도하며 도전하면서 혼자도 할 수 있는 힘을 갖는 것이다.

j.k.롤링은 '나라에서 주는 기초 생활비로 생활하는 돈 한푼없는 이혼녀였다. 그런데 그녀는 해리포터 시리즈가 폭발적인 인기를 누리며 5년도 안되어 조단위의 거부가 되었다.'

그녀가 결정한 삶의 방향은 위대한 것이었다.

슬픔은 무엇인가를 상실했을 때 심한 고통을 느끼는 아픔이다. 비통함과 슬픔을 극복하는 데는 시간이 많이 걸린다. 그러나 그 시간을 극복할 용기와 의욕을 잃지 않고 자신이 할 수 있는 방향을 결정하고 도전하는 것은 의미있는 삶을 살아가는 소중함 일 것이다.

만성적인 스트레스는 우울증을 초래한다

스트레스는 삶의 즐거움을 감소시키고 대인 관계를 위협함으로 삶의 질을 떨어뜨린다.

식욕의 변화, 수면의 변화, 집중력의 장애, 슬픔, 절망감 등도 만성 스트레스에 의해 유발된다.

앨릭스 코브는 '긴장되고 안절부절 못하는 스트레스가 심해지는 것은 우울증의 원인이자 증상인데 이것은 변연계 중심부에 있는 시상하부 탓이다.'라고 했다.

'스트레스는 편도체를 흥분시켜 시상 하부를 자극하고, 시상 하부가 자극을 받으면 스트레스 호르몬인 코티졸을 지속적으로 분비시키고, 만성적인 스트레스는 코티졸을 지속적으로 분비하면서 해마를 손상시킨다.'

'코티졸은 뇌간에 위치한 신경핵에 작용하여 세로토닌과 노르에피

네프린 분비를 억제하여 우울증과 만성피로를 초래한다.'

'왼쪽 전두엽의 활성은 긍정적인 정서를 이끌어 내는데, 이 전두엽의 활동이 저하되면 우울증이 발생한다.'

'이와같이 우울증은 뇌 신경 전달 물질 작용 기능의 이상으로 발생한다.'

심한 스트레스를 받을 경우에는 충분한 휴식을 취해야 한다.

그리고 스트레스 해소 방법으로 규칙적인 운동으로 기분의 변화를 주고 기분을 좋게 하는 엔도르핀 분비를 증가시킨다. 또한 스트레스로 인한 심리적 증상을 해소하고 신경을 안정시키는데 도움되는 음식을 먹는다.

미국 영양 및 식이요법 학회에서는 '엽산이 들어있는 시금치, 브로콜리, 쑥, 고사리 등의 녹색 채소는 도파민을 생성해 우리 뇌를 편안하게 해주는데 도움이 된다.'고 했다.

영국 요크 대학의 보건 과학부의 질보디 박사 연구팀은 '혈중 엽산 수치가 낮을수록 우울증 발병률이 높아지는 것으로 나타났다.'고 했다.

스트레스 완화에 도움이 되는 음식을 충분히 섭취한다.

스트레스가 생기면 즉시로 마음의 긴장을 풀어 주어야 한다.

편안한 장소를 찾거나, 명상이나 이완 요법 등을 통해 스트레스를 경감시키도록 노력해야 한다.

스트레스를 조정하는 것을 익히는 것은 일생 동안 계속되어야 할 것이며, 건강을 유지하고 평안한 마음으로 인생을 살기 위한 노력이 필요할 것이다.

스트레스를 받으면 그 환경에서 피하거나, 변경하거나, 적응하거나, 받아들여라. 그것이 스트레스를 이겨내는 것이다.

스트레스가 계속되면 면역계를 파괴 시킨다

'스트레스란 캐나다의 생물학자 한스 설레(Hans Selye)가 처음 사용한 것으로 인체에 해로운 반응을 유발할 수 있는 어떤 자극을 말한다. 스트레스는 일상생활에서 쉽게 발생할 수 있으며 통제할 수 없을 정도로 심할 수 있기 때문이다.'

'적응하기 어려운 환경에 처할 때 느끼는 심리적, 신체적 긴장상태, 이런 스트레스 상태가 장기적으로 지속되면 면역계를 파괴하고 감염의 가능성을 증가시킨다.'

'만성 스트레스를 받는 사람에서 백혈구의 수가 감소하고 감기에 자주 걸린다고 보고된다.'

그리고 정신적 스트레스가 혈압을 증가시키며 혈액을 끈적하게 하여 혈관에 엉긴 덩어리를 형성하고, 콜레스테롤 수치를 증가시키고, 과민성 대장증후군, 관절염 같은 만성 통증이 유발되고, 불면증, 노이

로제, 우울증 등의 심리적 부적응을 나타내기도 하며 이미 존재해 있던 암을 악화시킨다고 보고한다.

이와 같이 만성 스트레스는 몸의 면역 체계를 공격한다.'

영국 서섹스 대학교 인지 심경 심리학과 데이비드 루이스 박사팀의 연구 결과 '스트레스 해소 방법은 6분동안 책을 읽으면 스트레스가 68% 감소하고, 심박수가 낮아지고, 근육 긴장이 풀어진다. 독서가 가장 효과가 좋고, 음악 감상 61%, 커피 마시기 54%, 산책 42%, 비디오 게임 21% 라고 했다.'

'좋은 인간관계나 적절한 음식, 운동, 휴식 등을 통해 스트레스를 피하도록 하는 것이 질병에 대한 저항력을 향상시킴으로써 의료비를 줄이는 방법이 될 것이라고 권고한다.'

일하는 곳에서 심리적인 스트레스가 평균 수준 이상으로 판정되면 무리하지 않고 일하는 사이에도 기분 전환을 하며 심호흡을 하면서 이완 훈련을 통해 스트레스를 풀어나가자.

따뜻한 커피 한잔으로 하루 일과를 시작하며 서로 다른 인간의 정신세계, 언제나 스트레스에 갇히어 살아가고 있는 이민자들 사이에서 감사했던 기억을 떠올려보자.

여유는 없더라도 이웃을 봉사하는 즐거움을 느껴 보자.

때론 총과 칼로 위협하고, 언어, 문화, 인종문제의 폭동이 일어나고 있는 사회적인 환경이 주는 공포, 불안감에서 오는 감정의 스트레스를 정리하는 데는 열심히 일하고 운동으로 땀을 흘리는 것이다.

그리고 다양한 취미 생활을 하면서 행복의 '엔도르핀'을 만들어가자.

하느님을 믿는다.

'아무 것도 염려하지 말고, 오직 모든 일에 기도와 간구로 너희 구할 것을 감사함으로 하느님께 아뢰라. 그리하면 모든 지각에 뛰어난 하느님의 평강이 그리스도 예수 안에서 너희 마음과 생각을 지키시리라.'
(빌립보서 4 : 6~7)

스트레스는 즉시 풀어주어야 한다

- 목표를 정해 놓으면 하는 일에 인내심이 생긴다.
- 하는 일이 잘 안되면 운명이라 생각해 본다.
- 샤워하며 소리 지른다.
- 상처를 받으면 '하느님'은 내편에 서줄 것이라 생각한다.
- 너무 우울해지면 '멍' 때리는 시간으로 마음을 비운다.
- 세대 차이가 많이 나서 의견 대립이 심하면 속으로만 '그건 아니야' 라고 주장해 보자.
- 너무 슬퍼하지 않는다.
- 버킷리스트는 삶의 희망을 준다.
- 마음이 즐거워지는 내용의 텔레비젼을 본다.
- 길고 짧은 것은 맞추어 보아야 안다. 미리 실망하지 말자.
- 기다림은 때로 좋은 기회를 준다.
- 책을 읽으며 메모를 한다.

- 일기를 쓰며 반성도 하고 다짐도 한다.
- 밝고 긍정적인 사고 방식을 습관화 한다.
- 문제 해결을 긍정적으로 풀어가며 가능성을 찾는다.
- 지혜로운 생각인가 아닌가를 곰곰히 생각한다.
- 제삼자의 입장에서 생각하며 말한다.
- 나를 사랑하는 사람들을 떠올린다.
- 비수와 같은 말을 듣게 되면, 그 말을 '디딤돌'로 생각해 보자.
- 무심코 던진 돌에 맞아도 이겨낼 힘을 키워간다.
- 종교의 믿음은 내 마음의 상처를 보듬어 준다.
- 스트레스를 많이 주는 사람과 오랫동안 대화하지 않는다.
- 모든 것은 적당히 즐겁게 살아야 건강하다.
- 환경을 바꾸어 다른 계획을 세워본다.
- 나의 입장에 대해서 생각을 한다.
- 믿을 수 없을 때는 거절한다.
- 기도를 한다.
- 이웃에게 좋은 일을 해본다.
- 음악을 감상하거나 노래를 배워 본다.
- 노래방에 가서 노래 부르며 스트레스 날려 버린다.
- 친구와 대화를 한다.
- 유머를 사용한다.
- 스트레스를 받는 이유를 생각해 본다.
- 영화를 보며 기분 전환을 한다.
- 신나게 웃는다.
- 울고 싶으면 실컷 울어라.
- 추억어린 사진들을 정리한다.
- 창작 생활에 몰두해 본다.

• 작품을 만들어 본다.

• 수영, 요가, 골프, 말타기, 비디오 게임, 그림 그리기, 춤 등 좋아하는 취미 생활을 한다.

• 작은 인형을 만들어 본다.

• 뜨게질을 한다.

• 미용실에 가서 머리를 맡겨 본다.

• 찜질방에 간다.

• 따뜻한 물에 몸을 담그어 뭉쳐 있는 근육을 풀어 준다.

• 식물 가꾸기를 한다.

• 햇볕을 쐬며 걷는다.

• 산책을 즐기는 것은 자연과 더블어 살아 가는 벗이 되어 준다.

• 여행을 떠난다. 가벼운 여행도 좋은 자극이 된다.

• 경관이 좋은 남태평양, 눈 덮인 알프스 등 좋은 이미지를 자주 생각한다.

• 심호흡을 하며 숨 고르기를 연습한다.

• 명상으로 마음을 수행한다.

• 운동을 하며 근심을 없앤다.

• 산림욕을 한다.

• 보건 체조를 한다.

• 충분히 자고 나면 머리가 맑아진다.

• 과로는 금물이다. 충분한 휴식을 취한다.

• 스트레스에 도움이되는 음식을 충분히 섭취한다.

• 따뜻한 커피나 녹차를 마신다.

• 따뜻한 유자차에 단팥빵을 한개 먹는다.

• 매콤한 두부 김치찌게를 먹는다.

• 친구나 가족들과 함께 음식을 만든다.

- 쵸콜릿을 먹는다.
- 반가운 친구와 즐거운 분위기에서 마시는 한 두잔의 술은 좋다.
- 애완 동물을 키운다.

퇴직은 다음의 목표를 이룰 수 있는 기회이다

전문 지식 기술직 등으로 몇십 년 일하다가 퇴직의 날이 다가오면 조여오는 마음, 이탈에 대한 두려움, 경제적인 혼란, 자아 개념이 깨져가고 있다는 불안 증세, 숨이 막힐 것 같은 답답한 마음, 퇴직, 감원의 공포, 우울함, 퇴직 스트레스와 노후 준비 부족 등이 겹치면서 우울해진다.

소셜 시큐리티 연금에만 의존하기엔 평균 수명이 너무 길어졌고 생계비도 올랐다.

자영업이 많은 이민자들도 마찬가지로 일터에서 퇴직의 나이가 되면 할 수 있는 일이 많이 줄어들게 된다.

빅토르 위고는 '승자는 문제 속에 뛰어든다. 패자는 문제의 변두리에서만 맴돈다.'라고 말했다.

이제 우리는 퇴직의 공포에서 벗어날 수 있는 제2의 목표를 만들어 놓아야 한다. 그리고 그 목표의 문제 속으로 환경을 바꾸어 가야 할 것이다. 사람마다 잠재 능력, 가능성, 하고 싶었던 일, 잘 할 수 있는 일을 갖고 있다.

그 일에 달성할 수 있다는 마음가짐, 극복할 용기, 의욕이 충만하도록 문제의 변두리에서만 맴돌지 말고 적극적이고 긍정적이 되어야 할 것이다. 사람들은 실패할 운명을 타고난 것이 아니라 준비가 덜 되어 있기 때문이다. 은퇴, 퇴직은 우리의 삶의 끝이 아니라 그 다음의 잠재 능력을 발휘할 기회이고 시작이다. 우리의 재능을 살려 최대한으로 활용하며 새로운 기쁨을 갖는 것이다.

준비하고 노력하는 용기와 신념이 필요하다.

자신을 위해 행복하고 만족스런 삶으로 바꾸어가는 것이다.

자신의 능력을 키워가는 것이다. 언젠가는 자신이 발전되어 있고 성장되어 있는 것을 알게 될 것이다. 그렇게 새로운 일에 도전하고, 실천하며 최선을 다한 결과는 성공, 행복, 즐거움일 것이다. 퇴직의 우울함을 떨쳐 버리고 용기와 에너지로 새로운 목표의 과정에 전력을 다하다 보면 퇴직 전과 같은 일과 삶의 보람을 느낄 수 있을 것이다.

S.스마일즈는 '스스로 일해서 얻는 빵만큼 맛있는 것은 없다.' 라고 말한 것처럼 퇴직후 제2의 인생에서 얻은 결과는 어느 무엇과도 비교할 수 없는 더 큰 보람이 될 것이다.

건강한 사고를 갖고 일을 한다

심리학자 에이브러햄 매슬로는 '인간은 무엇인가를 필요로 하는 결핍의 존재로서, 충족되지 않은 욕구만이 행동을 일으킨다.'고 했다.

사람은 그 필요로 하는 것을 얻기 위해 일을 하고 공부를 한다.

'공기, 물, 음식, 수면, 성 등과 같은 아주 기초적인 생리적 요구가 충족되지 않을 때, 인간은 질병, 자극, 불편 등을 느낄 수 있다.'

건강을 위해 필요한 음식과 내가 좋아하는 음식을 절제하며 즐긴다.

산책을 즐기며 마시는 맑은 공기는 마음까지도 정화된 기분이다.

하루에 8컵을 마시는 물은 몸의 신진 대사에 필요하고 건강한 하루를 유지해 줄 것이다.

휴식의 공간에서 사랑과 애정이 있는 가족의 분위기는 삶의 희망과 힘이 만들어지는 곳이 된다.

'안전 욕구는 혼돈스런 세계에서 안정성과 일관성을 성취하는 것

들을 다룬다. 인간은 가정과 사회로부터 신체의 위험에서 안전을 필요로 한다.'

'남편으로부터 학대받는 부인은 안전을 걱정해야 하기 때문에 그 두려움이 없어질 때까지 다음 수준의 단계로 이동할 수 없게된다.'

안전한 곳에서 안정감을 갖고 서로 보호해 주며 상부 상조하며 살아간다.

인간관계에서 오는 걱정으로 부터의 자유가 있는 곳을 찾는다.

총과 같은 공포와 두려움으로 부터의 자기가 보존될 수 있는 곳을 찾아야 한다.

재난으로부터 고통받지 않고 살아가는 시대를 원한다.

잘못된 조직의 틀에서 갇혀 사는 비극이 없었으면 좋겠다.

주어진 법 안에서 행복한 생활이 유지되면 마음이 편해질 것이다.

'인간은, 집단에 소속되고 싶어하는 사랑과 소속감 욕구가 있다.'

종교와 같은 모임에 속하여 마음의 평화를 얻는다.

친구를 만나 우정을 나눈다.

대인 관계에서 상대방의 관점에서 보면서 대화한다.

순간적으로 일어나는 위기 상황에 받아들이는 지혜가 따라야 한다.

'내적 외적으로 인정을 받으면서 어떤 지위를 확보하기를 원하는 자아 존중의 욕구가 있다.'

자부심은 내 몸에 따라다니는 신용 카드와 같다.

늘 자신을 평가하면서 발전한다.

자신을 존중하면 대인 관계에서 서로 존중하게 된다.

자부심을 갖게되면 힘이 넘치고 능력이 생겨 성취감에 만족하게 된다.

삶의 가치를 상승 시킨다.

‘자기 발전을 위하여 잠재력을 극대화, 자기의 완성을 바라는 자기 실현 욕구가 있다.’

잠재 능력을 최대한으로 발전시키며 현실화한다.

예수, 석가와 같은 성자의 삶을 살게 된다.

‘무엇이든지 기도하고 구하는 것은 받은 줄로 믿으라 그리하면 너희에게 그대로 되리라.’ (마가복음 11 : 24)

신앙은 모든 인간적인 힘과 용기의 원천이다.

힘이란 자기 자신의 운명을 지배할 수 있는 능력이며 활력이다.

지식과 정보는 기회와 전진을 위한 열쇠이다.

건강한 사고를 갖고 일을 즐겁게 한다.

‘할 수 있다’라는 신념을 갖고 일한다.

인생이란 자기 자신과 경쟁하는 것이다.

기회는 우리들의 내부로부터 온다.

무엇이 중요한 가를 의식적으로 결정하자.

이룩할 수 있는 방향으로 꿈을 이끌고 나간다.

자신의 능력과 가능성을 확인한다.

능력을 쌓으며 노력해 간다.

적극적인 자기 기대를 실천하자.

용기를 내어 도전해 간다.

역경 속에서도 희망을 찾는다.

자기 직업에 충실하자.

하는 일에 감사하는 생각들 속에 있다.

상대방의 이야기를 들어준다.

긍정적인 언어를 사용한다.

일에서 오는 스트레스는 지혜롭게 해결해 간다.

'지혜는 진주보다 귀하니 너의 사모하는 모든 것으로 이에 비교할 수 없도다.' (잠언 3 : 15)

'지혜를 얻은 자와 명철을 얻은 자는 복이 있나니 이는 지혜를 얻는 것이 은을 얻는 것보다 낫고 그 이익이 정금보다 나음이니라.'
(잠언 3 : 13~14)

05장 봉사 생활로 행동을 **활성화** 한다

- 즐거움을 유지 할 수 있는 가족의 지혜로운 마음
- 홀로 살아갈 수 있는 능력을 갖는다
- 오늘 하루를 좋은 추억으로 만들어 본다
- 아무것도 하지 않는 사람이 되지 말라
- 기도하는 마음은 위로와 용기를 준다

즐거움을 유지 할 수 있는 가족의 지혜로운 마음

체바퀴 돌아가듯 똑같은 일상생활의 지루함, 가족을 위한 많은 일과 그 과정에서의 보람 상실,가족들과의 대화 부족, 부부 관계, 친척들과의 갈등, 육아, 경제적인 이유, 그동안 잠재되어 있던 자아 실현의 욕구, 불안함, 좌절감, 실망감, 고립감 등을 느끼며 가족들 사이에 불만이 생기면서 서로에게 힘든 상황이 된다.

빈스 롬바디는 '네가 지금 어디에 있는지 생각하는 대신, 가장 어디에 있고 싶은지 생각하라.'고 말했듯이, 나 자신을 위해서 가장 중요한 일이 무엇인가?

가정을 위해 가장 중요한 일은 어느 것인가?

사회를 위해 가장 하고싶은 일이 있다면 어떠한 일인가?

나 자신이 어디에 있는 것이 가장 즐겁고 행복한 일인가?

가장 어디에 있고 싶은가?

막연한 불만은 현실적으로 가족에게 도움이 안될 것이다.

릴케는 '희망은 멀리 있는게 아니다. 바로 내 곁에 있다. 나의 일상을 점검하라.'고 말한 것처럼 가정 안에서 삶의 보람을 찾을 수 있을 것이다.

지혜는 과거의 경험들 속에 새로운 정보와 상황에 적용해 나가며 사실과 감정과 본능을 획득하는 실용적인 능력이고 경험과 성숙에 근거를 두고 이성적인 판단을 내리는 능력이다.

나 자신이 현재의 위치를 이해하고 일할 만큼의 여유를 만들 수 있다면 반드시 만족스런 결과를 얻어낼 수 있을 것이다.

스튜어트 B.존슨은 '생각을 바꿔라 그러면 세상을 바꾼다.'고 말했다.

긍정적인 생각으로 갖고 있는 꿈이 있다면 어려운 환경이지만 실천해 보는 것이다. 무엇이든 도전하려는 사람에게는 하느님께서 길을 만들어 주실 것이다. 주위에서 도움의 손길을 내밀 것이다. 그리고 일하는 즐거움을 느낄 것이다.

성경에서, '나는 포도나무요 너희는 가지니, 저가 내 안에 내가 저 안에 있으면 이 사람은 과실을 많이 맺나니, 나를 떠나서는 너희가 아무것도 할 수 없음이라.' (요한복음 15 : 5)

가정의 한 울타리 안에 살아가고 있는 가족들은 서로 사랑하고 더불어 살아가면서 희로애락이 존재하는 것이다.

나무와 가지처럼 함께 의지하고 도와주며 문제를 해결해 나간다.

홀로 살아갈 수 있는 능력을 갖는다

외로움은 어느 순간에 느껴지는 삶의 허전함에서 오는 순간적으로 아무 것도 할 수 없을 것 같은, 그리고 주위에 아무도 없는 '나홀로' 있는 것에 대한 두려움, 불안함, 우울함, 절망감, 부정적인 생각들과 소극적인 태도를 갖게 된다.

앨릭스 코브는 '좋아하는 사람과 대화를 하고, 친구들과 함께 대화를 나주면 외로움의 스트레스가 풀리는 이유는 옥시토신이 증가하기 때문일 것이다.

그리고 포옹과 악수와 같은 따뜻한 느낌을 갖거나 따뜻하게 샤워하는 것도 인간 관계에서 신뢰와 관대함의 느낌을 강화한다.

그 다음으로 반려동물 기르기는 주의의 초점, 습관, 바이오 피드백을 변화시키며 옥시토신을 비롯한 신경 전달 물질의 효과를 증진한다.

반려동물은 다른 사람들과 긍정적인 상호 작용을 할 기회를 늘려 줌으로써 외로움과 고립감을 물리칠 수 있는 사교의 상승선을 만들어 준다.'라고 했다.

외로움을 극복하려면 용기를 내어 적극적으로 나 자신의 환경에서 변화시켜 나아가야 한다.

취미 생활을 갖거나 운동, 산책, 봉사 활동, 종교 생활, 명상 수련 등으로 행복한 시간을 스스로 만들어 가야 할 것이다.

디지털 사상가, '생각하지 않는 사람들' 저자. 니콜라스카는 '홀로 있는 시간이 없는 삶은 위축된 삶이라는 것을 상기해야 한다.'고 했다.

'인간은 복잡한 제도를 자신의 환경으로 만들어 갈 힘이 있고, 불안하게 느끼는 주위 사람들이나 일상 생활에 의해서 외로움으로 불안정한 행동으로 나타나게 된다.'

때로 많은 사람들과의 만남이 스트레스를 준다면 '홀로 있음'이 휴식과 에너지를 만드는 시간이 될 것이다.

과감하고 새로운 아이디어를 떠올리기 위해서, 석가모니는 나무 아래에서 홀로 명상을 했다.

예수는 황야에서 40일을 홀로 지냈다.

무하마드는 라마단 기간동안 은둔했다.

홀로 있음은 '일상적인 삶의 복잡한 상황에서는 좀처럼 포착되지 않는 자기 이해와 깊은 내면과의 접촉이 증진된다.'라고 스토는 말했다.

해리스는 '사람이 한시도 홀로 있지 못하면 잃는 것이 많아진다.

홀로 있음은 기운을 북돋아준다. 기억을 강화하며 인식을 날카롭게 다듬어주고 창조성을 북돋운다. 우리를 더 차분하게 만들며 주의력을 더 깊게 해주고, 머리를 맑게 해준다. 무엇보다도 순응하라는 압박감을 덜어준다는 것이 가장 중요한 요점이다.'라고 말했듯이, 외로움의 치료는 많은 사람과의 만남과 대화에서 평안함을 얻을 수 있지만 때론 홀로 살아갈 수 있는 능력을 갖음으로써 일상생활에서 오는 외로움과 불안을 해소하게 될 것이다.

오늘 하루를 좋은 추억으로 만들어본다

'의욕만 있다면 할 일은 얼마든지 있다.'라고 쿠사카 카민도는 말했다.

삶의 의욕이 없는 사람은 해야할 일을 미루고 피로감과 만성적인 불안감을 갖고, 부정적이고, 파괴적인 태도, 준비가 안 되어 있는 불완전한 상태, 열등감에 의한 불만족스런 사고방식으로 인생을 살아간다.

아무 일도 하지 않는 채로 삶의 의미를 찾으려 하지 않고 우울해하며 무의미한 시간을 보내고 있다. 그러나 어려운 현실을 극복할 용기와 의욕이 충만해진다면 만족스런 길이 보일 것이다. 그리고 오늘 하루를 내 인생에 가장 중요한 날로 만들어 갈 수 있을 것이다.

아라비아 속담에 '무엇인가 하고 싶은 사람은 방법을 찾아내고 아무 것도 하기 싫은 사람은 구실을 찾아낸다.'고 했다.

오늘은 무엇을 해야 하고, 무엇이 중요하고, 이유는 무엇이고, 어디에서 누구와 언제, 어떻게 해야 하는 지를 알아서 행동해 나가야 할 것이다.

오늘 하루 시작과 과정이 중요하다.

오늘 하고 싶은 일을 정해 놓고, 내가 할 수 있는 일을 만들어 쉬운 일부터 시작해 보자.

긍정적인 마음 가짐으로 용기와 의욕을 갖고 실천하다 보면 나도 모르게 자신감이 생길 것이다 .

어느 정도 재미있다고 느끼게 되면 오늘도 하고 내일도 하고 그 이후엔 보다 더 큰일도 가능하게 될 것이다.

오늘 하루가 중요한 이유는 구실을 찾지 않고 방법을 찾아 실천할 수 있는 용기와 의욕을 갖기 때문이다.

아무것도 하지 않는 사람이 되지말라

내가 가게를 운영할 때 지인 로버트는 '일정한 일이 없이 실직 수당 등으로 특별한 일과 목적이 없는 하루가 가게 앞에서 시작된다.

40oz 맥주만 있으면 행복한 얼굴로 그날 만나는 사람이 친구가 되어 농담을 주고 받으며 대화 상대가 된다.

어떤 일에 도전하지도 않고, 건강도 챙기지 않고, 아무일도 하지 않고, 열심히 일하는 동생 이야기는 늘 하면서 자신의 이야기는 별로 없다.'

일을 열심히 하겠다는 생각은 나 자신을 위한 책임감이고, 용기와 의욕은 마음의 에너지와 같다.

로버트에게는 의욕이 없어 보인다.

삶의 의미, 목적, 의무, 행복 등 모두가 일하는 곳에서 찾을 수 있을 것이다.

그곳에서 자신을 성장시키고, 창조적인 생각과 표현을 찾아내고, 발견하고, 도전해 나아가면 그곳에서 행복한 삶이 올 것이다.

작은 일이라도 열심히 하면서 일하는 즐거움을 갖고, 자신이 어디로 가고 있는지를 알아가면서 지낸다면 인생이 더욱 즐겁고 만족스럽지 않을까?

아무것도 하지 않는 로버트의 단순한 일정이 아마도 일시적일 것이라고 생각한다.

'너희 중에 누구든지 지혜가 부족하거든 모든 사람에게 후히 주시고 꾸짖지 아니하시는 하느님께 구하라. 그리하면 주시리라.'

(야고보서 1 : 5)

'그러므로 내가 너희에게 말하노니 무엇이든지 기도하고 구하는 것은 받은 줄로 믿으라. 그리하면 너희에게 그대로 되리라.'

(마가복음 11 : 24)

'이 예수는 너희 건축자들의 버린 돌로서 집 모퉁이의 머릿돌이 되었느니라.'(사도행전 4 : 11)

내가 살고 있는 이웃 사람들이 부족한 지혜를 깨우치어 그들이 갖고 있는 잠재능력을 발견하고 보다 나은 행복한 삶을 찾게 되기를 기도한다.

기도하는 마음은 위로와 용기를 준다

미국의 트라피스트 수도원 수사 토마스 머튼 신부님의 기도 '주 하느님, 제가 어디로 가는지도 모르고, 제 앞길도 보이지 않으며, 그 길의 끝이 어디인지도 확실히 알지 못합니다. 뿐만 아니라 저 자신에 대해서도 모르고, 당신의 뜻을 따른다고 해도 당신을 실제로 따르고 있다는 뜻이 아닙니다. 그러나 당신을 기쁘게 해드리려는 저의 갈망이 실제로 당신을 기쁘게 해드리라고 믿습니다……

비록 제가 잘 알지 못하더라도 제가 그렇게 함으로써 당신이 저를 옳은 길로 인도해 주심을 압니다. 그래서 제가 아무리 길을 잃고 죽음의 그늘에서 헤맬지라도 당신을 항상 신뢰하겠습니다.

당신은 저를 혼자 위험에 처하게 내버려 두지 않고 언제나 저와 함께 계시기 때문에 저는 더 이상 두려워하지 않을 것입니다.'

김보록 지음(기도하는 삶) 중에서 '기도는 모든 일에 힘과 용기를 북돋아주고 희망과 의욕을 심어 주어 모든 행동에 활기를 준다.

따라서 사람의 행동과 생활을 정화시키고 풍요로운 열매를 맺게 하는 것은 결국 기도의 힘이다.

모든 은총은 기도로서 받게 되며 죄와 실수도 기도로서 용서받고 치유된다. 기도의 인간적이고 심리적인 면을 볼 때 기도는 마음의 안정과 평화를 가져오게 한다.

마음의 안정과 평화를 유지하는 것은 사람의 생활에서 가장 중요하고 필요한 것이다. 매일의 생활에 무슨 일이 일어나느냐가 문제가 아니라, 여러 가지 일이 일어나는 가운데 어떻게 마음의 안정과 평화를 유지하느냐가 문제인 것이다.

올바른 자세로 기도하는 자는 깊이 생각하고 주의깊게 말하고 침착하게 행동할 수 있는 것이다.'

기도는 가장 강력한 형태의 자기 대화이다.
성공과 행복의 문을 열어 주는 열쇠이다.
자신의 인생을 되돌아 보게 만든다.
기도는 마음을 강하게 만든다.
무슨 일이든 다 할 수 있게 한다.
곤란한 일이 생겨도 적극적으로 그 일에 도전하며 끝까지 완성시키겠다는 강한 신념을 준다.
기도는 가정을 거룩하게 한다.
모든 가족이 건강하고 행복하게 한다.
마음의 어두움을 거두어 준다.
잡념을 씻어 주고 편히 쉬게 해 준다.
온갖 두려움에서 보호해 준다.
집안의 우환과 불행을 해결해 준다.
고통받는 사람, 힘들여 일하는 사람에게 희망을 주며 당신을 향해 마음의 문을 열게 한다.
기도는 기쁨을 주고, 세상의 소금이 되게 하며 악습을 끊게 하고, 죄인의 회개를 도우며 낮아짐을 두려워 하지 않고, 그리고 겸손, 순결한 영혼이 되게 한다.
기도는 믿음, 온유한 마음, 성령, 나눔, 사랑, 미소, 맑음, 찬미기도, 은총, 그리고 육신과 영혼의 모든 병을 치유하게 해 준다.

06장

대화로 **극복해** 간다

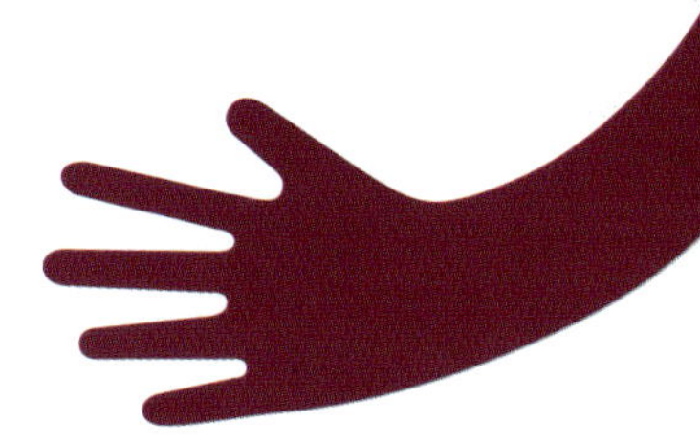

- 자포 자기하는 마음 안에 긍정적인 변화가 중요하다
- 피해를 줄 것 같은 정신 장애는 꾸준한 대화로 풀어간다
- 대인 기피의 두려움을 극복할 용기가 필요하다
- 가족의 문제는 사랑의 힘으로 해결 할 수 있다

자포 자기하는 마음 안에 긍정적인 변화가 중요하다

자포자기 상태가 되면 자신의 마음속에 간직하고 있는 불가능의 생각을 버려야 한다.

근본적인 변화가 필요하다.

절망적인 사고 방식이 바뀌어야 한다.

로버트 슐러는 '불가능한 일이 존재하는 것이 아니라 불가능하다는 생각이 존재하는 것이다.'고 말했다.

늘 자신을 불행하다고 생각한다.

'나는 무엇이든 아니야' 하면서 부정적인 현실로 인정해 버린다.

우울함에서 헤어나오지 못한다.

자신을 속박하고 항상 위축되어 있다.

꿈, 희망, 도전, 실천 의욕, 용기도 없다.

단순하게 반복되는 일에서도 발전이 안 보인다.

무엇이든 별로 중요하지 않게 생각하니 하는 일에도 책임감을 느끼지 않는다.

성실하지 않은 사회 생활에서는 즐거움이 따라 오지 않는다.

토마스 카라일은 '가장 소름 끼치는 불신은 바로 자기 안에 있는 불신감이다.'라고 했다.

자신을 귀중하게 여기지도 사랑하지도 않는다.

사업 실패의 결과만을 탓하며 안 좋은 말과 행동을 한다.

스트레스가 쌓이면 흡연, 도박 등에 의지하려 한다.

자신의 잠재능력, 가능성을 찾으려하지 않는다.

마음의 문을 닫아 버린다. 아니, 닫아 버리는게 아니라 잠궈 버린다.

자신의 능력을 불신한다.

마음 안에 긍정적인 변화가 절실히 필요하다.

마음의 문을 열고 대화를 원하는 사람과 함께 문제의 실마리를 풀어 나가야 할 것이다.

포기와 불신은 현명한 생각이 아니다.

실패의 경험을 디딤돌로 삼아 극복할 용기와 의욕만이 생존 경쟁에서 살아남는 길 일 것이다.

또한 그것이 책임감 있는 행동이라 생각한다.

'내일 일을 위하여 염려하지 말라. 내일 일은 내일 염려할 것이요. 한날 괴로움은 그날에 족하니라.' (마태복음 6 : 34)

'너희가 기도할 때에 무엇이든지 믿고 구하는 것은 다 받으리라 하시니라.' (마태복음 21 : 22)

잘못된 현재 상황은 현재의 괴로움일 뿐 '이것이 나의 전부는 아니다' 라는 자부심을 잃지 않아야 한다.

피해를 줄 것 같은 정신 장애는 꾸준한 대화로 풀어 간다

마음의 병인 피해 망상의 증상은 '어떠한 큰 충격을 받았거나 성장할 때의 환경이 좋지 못했거나, 혹은 여러가지 억압된 환경에 노출되었을 경우를 원인으로 다른 사람이 자신에게 피해를 준 적이 없음에도 정신적, 육체적으로 피해를 준다고 생각하는 정신 질환이다.'

이러한 경우에는 자신의 상황을 객관적으로 볼 수 있는 믿을만한 사람과 함께 대화를 나눈다.

왜 그렇게 생각하는지, 근거는 무엇인지 정신과 적으로 알아본다.

지속적인 접근이 필요하다.

우울 장애, 조울증, 기질성 정신 장애, 치매, 뇌의 손상, 망상 장애, 정신분열증 등의 관련 질병에 대해서도 알아본다.

주위 사람을 의심하고 자신에게 피해를 줄 것이라고 생각한다.

'그런것 같아' '분명히 아닌데?' '여기에 있었는데 없어졌어' '믿을 수 없어' '항상 그들을 잘 지켜봐야 돼' '늘 조심하라구' '무엇이 잘못되었는지 내가 지금 피해를 보고 있어' 등으로 대화는 계속된다.

이러한 대화가 계속되는 경우 우선 대화의 흐름을 서서히 바꾸어 나가야 한다.

그 사람의 업적을 칭찬한다.

좋았던 시절을 상기시킨다.

그 사람이 갖고 있는 전문적인 경험담을 듣는다.

맛있는 음식 이야기를 한다.

종교에 대한 이야기를 한다.

대체적으로 즐거운 이야기를 나눈다.

얼굴 표정이 상당히 편안해 보이고 밝아진다.

대인 기피의 두려움을 극복할 용기가 필요하다

대인 기피의 증상은 '사람들을 만나는 것 자체를 부담스러워 하고, 불안감 등으로 사회 경제적 활동이 불가능하게 된다.'

'과거 사람으로부터 상처를 받거나, 왕따, 소외, 놀림 등의 특정 기억이 강박으로 남아 있는 경우 대인 기피증 증상이 생길 수 있으며 아는 사람 이외에도 불특정 다수를 향한 망상으로 인해 근거없는 두려움과 의심, 다툼 등이 생길 수 있다.'

'이성, 친구, 동료를 회피하며 칩거 생활을 한다.'

평범한 가정 환경, 정든 고향을 떠나 문화, 언어, 풍습이 다른 타국의 생활은 쉬운게 없다. 부딪치는 모든 일들이 적응이 안되어 스트레스가 쌓인다. 그렇게 시간이 흐르면 주위의 모든 상황을 거부한다.

주위 사람들과 융합, 타협이 안되고 부정하고 불만, 분노가 쌓여 마음의 병을 얻는다.

공공 장소, 사람 많은 곳, 공동생활, 직장생활, 사업활동 등에 어울리지 못한다. 주위 사람을 경계하며 안만나고, 안가고, 안하며 대화를 거부한다. 사람들과 대화가 없으니 그로인한 외로움, 우울함, 짜증, 신경과민, 아픔의 호소, 불평, 불만, 오해가 쌓인다.

마음의 상처를 준 모든 일들이나 사람들에게 관대하게 함으로써 강박관념에서 벗어나 자신감을 갖는다.

부담감, 불안한 환경에 적극적으로 부딪쳐 봐야 한다.

현실적으로 자신을 위해 자신에게 도전하는 것은 슬기롭고 지혜로운 방법일 것이다. 나를 가슴 아프게 하는 모든 일들은 순간일 것이다. 그 순간적인 일에 나의 전부인 귀중한 나의 삶을 잃을 수는 없다.

누구에게나 장단점이 있고 자신이 잘할 수 있는 잠재 능력이 있다.

자신의 능력을 믿고 자부심을 갖고 전부터 해왔던 일에 재도전하듯이 충실히 해내는 것이다.

대인 기피의 두려움을 없앤다.

완벽하지 않아도 괜찮다.

스스로에게 넓은 아량을 베푼다.

극복할 용기와 의욕을 갖는다.

나를 위해 기도한다.

'내가 너희에게 분부한 모든 것을 가르쳐 지키게 하라. 볼지어다 내가 세상 끝날 때까지 너희와 항상 함께 있으리라 하시니라.'

(마태복음 28 : 20)

늘 하느님과 함께 있음으로 두려운 마음이 사라지고 평안과 기쁨이 있을 것이다.

가족의 문제는 사랑의 힘으로 해결할 수 있다

가족과의 대화는 서로 체온을 느끼면서 눈빛을 교환하는 감정적 존재인 사람에게 상대와 공감하게 해주는 대체 불가능한 상당히 중요한 소통 수단이다.

스페인의 철학자 호세 오르테가이 가젯은 '모든 말은 결핍이다. 자신이 말하고자 하는 것을 다 담지 못한다. 그리고 모든 말은 과잉이다. 내가 전하지 않으면 했던 것들로 전하게 된다.'고 말했다.

가족들이 서로 함께 상부상조하면서 더불어 살아간다.

각자의 위치에서 자신들이 할 수 있는 일을 찾고 꿈을 키워 간다.

그곳에서는 수 많은 일과 사건, 그리고 대화가 오고 간다.

말과 행동에 사랑이 없는 대화는 자신이 말하고자 하는 뜻을 모두 전달하지 못한 채로 있으면서 서로의 사이가 메마른 모래알 처럼 흩

어지고 삐거덕거리게 된다.

서로가 좀더 이해가 가도록 설명이 필요한데 대화 부족과 대화가 서투른 데서 오는 오해로 화를 부르고 늘 불편한 사이가 되어 버린다.

워싱턴 조지타운 대학의 언어학과 교수인 데보라 태넌은 대화의 중요성을 '나와 똑같은 관점으로 세상을 볼 수 없다.'고 했다.

'서로 대화를 통해 자신의 관점을 설명하고 해결책이나 타협점을 찾는 것이 절대적 중요성을 갖는다.' '또한 갈등의 상황에서 무엇때문에 그런 일이 벌어지는지 자각하는 것이 가족간의 대화를 이해하는데 가장 중요한 부분이다.'

'부부간의 대화에서는 서로 비난하지 않고 상처를 주지않는 대화를 이어가야 한다.'

'사춘기 자녀들과의 대화에서는 도가 넘지 않는 인생 경험의 충고를 요구하며 참견해 가야 한다.'

가족간에 서로 사랑이 없는 대화는 무의미한 것이다.

상대방의 입장에서 생각하고 말한다.

서로의 의견을 존중한다.

현실적인 문제 상황을 토론하면서 해결 방법을 찾아 나가는 것이다.

가족들과 함께 식사를 하며 즐거운 대화를 많이 한다.

따뜻한 대화는 서로가 위로가 되고 든든한 버팀목이 되어줄 것이다.

좋은 관계 유지는 소중한 삶의 원천이고 행복일 것이다.

서로의 대화에 불만보다는 감사를 표시한다.

비판, 비교보다는 용기를 준다.

독선보다는 상대방의 장점을 알아주는 마음이 있어야 한다.

서로의 긍정적인 믿음을 갖는다.

가족의 문제는 진실성을 기본으로 대화하며 사랑의 힘으로 가능성을 추구해 나아간다.

'사랑은 오래 참고 사랑은 온유하며 투기하는 자가 되지 아니하며, 사랑은 자랑하지 아니하며 교만하지 아니하며,' '무례히 행치 아니하며 자기의 유익을 구치 아니하며 성내지 아니하며 악한 것을 생각지 아니하며,' '불의를 기뻐하지 아니하며 진리와 함께 기뻐하고,' '모든 것을 참으며 모든 것을 믿으며 모든 것을 바라며 모든 것을 견디느니라.'

(고린도 전서 13 : 4~7)

'그런즉 믿음, 소망, 사랑 이 세가지는 항상 있을 것인데 그중에 제일은 사랑이라.'(고린도 전서 13 : 13)

사랑의 힘은 어느 무엇과도 비교할 수 없는 해결의 열쇠이다.

07장 좋은 습관으로 바꾼다

- 중독을 인지하게 되면 해결이 보인다
- 일 중독은 일 외의 인간 관계는 전혀 관심이 없게 한다
- 간접 흡연도 흡연이다
- 과음하지 않는 습관이 건강을 지킨다
- 불확실한 도박 행위를 멈추기 위해 집착을 버린다
- 마약은 뇌에 데미지를 준다
- 쇼핑으로 기분 전환이 되지 않는다

중독을 인지하게 되면 해결이 보인다

자신이 중독이 되어 가는 것을 모를 때가 위험하다.

과음, 과식, 과욕의 나쁜 습관은 중독을 만들고, 중독이 되면 몸과 마음에 병이 온다. 몸과 마음은 적당한 것을 좋아한다. 과하지 않은 일상 생활의 실천으로 좋은 습관을 만들어 간다.

앨릭스 코브는 '비록 지금은 즐겁지 않더라도 과거에 즐겁게 했던 일을 계속해 나가라.'고 말했다.

평범한 일 이라도 예전에 즐거웠던 일들의 좋은 습관을 유지하게 되면 즐거움을 증가 시키고 의미 있고 생산적인 삶의 활동으로 변화되어 심리적인 안정감을 찾을 것이다.

좋은 습관은 보약과 같은 효과를 갖게 된다.

불안한 현실의 스트레스를 과음으로 달래려는 마음 보다 공원에 나가 몇 바퀴 뛰고 오면 우선 밥 맛이 달라진다.

좋은 습관은 좋은 생각들이 떠오르고 삶의 의욕이 충만해진다.

삶의 지혜는 좋은 습관에서 얻어지는 것이 많다.

좋은 습관이 아니라고 생각 되었을 때는 하고 있는 그 행동을 중지하자.

건강한 사고 방식으로 환경을 바꾸자.

도움이 안되는 집착을 버리자.

도움이 필요하다면 전문인을 만나 상담을 한다.

중독의 종류는 많다.

- 약 (Drugs)
- 알코올 (Alcohol)
- 도박 (Compulsive Gambling)
- 니코틴 (Nicotine)
- 쇼핑 (Shopping)
- 좀도둑 (Shoplifting)
- 음식 (Food, Eating Disorders)
- 성차별주의 (Sexaholism)
- 카페인 (Caffeine)
- 헤로인 (Heroin)
- 화학물질 의존 (Chemical dependence)
- 돈 (Money)
- 주식 (Stock Market)
- 낭비 & 빚 (Compulsive Spending & Debting)
- 인종주의 (Rageaholism)
- 완벽주의 (Perfectionism)

• 인간관계 (Relationship Addiction)
• 컨트롤 (Care taking / Control)
• 부정한 생각 (Negaholism – Misery Addiction)
• 일중독주의 (Workaholism)
• 종교 (Religion Addiction)
• 영적인 학대 (Spiritual Abuse)
• 부정성 (Negativity)
• 신체적, 정신적 학대 (Physical or Mental Abuse)

일 중독은 일 외의 인간 관계는 전혀 관심이 없게 한다

나의 내성적인 성격에서 오는 강박 관념이 일 중독을 만든다.

나에게는 '절대로 남에게 신세를 지지마라.'는 삶의 좌우명이 있다.

될 수 있으면 '남에게 신세지지 말고 살다가 간다.'는 나의 삶의 가치관이 훗날, 타국에서 살면서 나 자신을 너무 혹독하게 만든게 아닌가 생각한다.

거의 중독 수준이다. 남의 신세를 안 지려니 언제나 일을 해야 하고, 남의 도움을 안 받으려니 늘 공부를 해야 한다.

일하기 위한 에너지와 건강을 유지하기 위해 나름대로 열심히 노력하며, 그것이 마치 당연한 것처럼 나 자신을 훈련 시키고 습관을 만들어 간다. 그렇게 좋아하는 여행도 갈 수가 없다.

일의 중독이 되어 가는 것은 자신도 모른다.

어느 날, 휴식이 필요하다 생각되어 하던 일을 그만두고 평범한 일상생활을 즐기고 있는데 갑자기 피로감이 밀려오고, 심한 불안감이 밀려오면서 식욕이 없어지고, 무기력함이 느껴지며 온몸이 나른해지면서 아프기 시작한다. 이 주면 끝나는 감기가 아닌 것 같다. 이럴 땐 마음의 변화가 있어야 한다.

무엇이라도 일을 해야 할 준비가 되어 가야 한다.

다시 일할 수 있는 자격증을 만들고, 취미의 목표까지 세우고, 이렇게 새로운 결정이 생기고 난 후엔 긍정적인 마음가짐으로 바뀌면서 정신력에서 오는 피로감이 줄어 들고, 불안감이 사라진다.

일하려는 자신감과 안정감이 생긴다.

이것이 일 중독(Workaholism)의 증상이다.

일에 대한 집착으로 일을 하지 않으면 책임감을 회피하는 것 같다.

미래에 대한 걱정이 오며 또 실패할 것이라는 두려움과 무능력함을 느낀다. 언제나 일 먼저 그리고 그 다음이 운동, 취미생활 등으로 이어져야 한다

일로 인해 만성피로에 시달리고 삶의 균형이 어긋난다.

면역력 저하로 사계절 감기로 고생한다.

일을 하지 않으면 삶의 가치가 없는 것으로 생각한다. 그러나 기억해야 한다. 중독은 잃는 것이 더 많아진다.

특히 소중한 젊음의 시간에 이루어졌어야 할 많은 것들을 잃는다는 것이다.

간접 흡연도 흡연이다

담배를 오랫동안 피운 킴의 습관을 보면 아침 일어나 씻기 전에 피우고, 아침 커피 빵 먹으며 피우고, 가게로 가다가 자동차 바퀴가 터지면 우선 담배부터 물고나서 바퀴를 바꾼다. 가게에 가서는 물건 정리하며 담배를 피우고, 손님들과 언쟁이 있으면 화난다고, 짜증난다고, 친구를 방문하면 담화 하면서, 식후에, 잠자기 전에 등으로 하루 온종일 담배와 함께한다. 그렇게 세월이 많이 흘러 결국은 폐암으로 고통을 호소한다.

간접 흡연도 '사천 가지 독을 마시고, 니코틴에 의해 혈관 장애와 신경 마비가 오고, 이십여 종류의 발암 물질인 타르, 비소, 나프탈아민, 니켈, 벤젠, 카드뮴, 비닐크롤라이드 등이 들어 있으며 모든 암의 주 원인이 된다.'

'일산화탄소, 이산화탄소에 의한 폐기종, 폐암을 일으키는 유해가스를 마신다.'

'뇌에도 영향을 주어 기억력 감퇴, 뇌졸증의 원인이 된다.'

'입 냄새, 치아 변색, 피부 노화, 피부 건조증, 그리고 심장 마비까지 온다.'

'담배가 중독(Addiction : 의존)을 일으키는 이유는 바로 니코틴 때문이다.

'니코틴은 몇가지 신경 전달 물질(예를들면 도파민)의 분비를 증가시키며 뇌에 존재하는 보상 회로(reward circuit)에 작용하여 행복감(euphoria)과 긴장 완화 등의 증상을 일으킬 수 있다.'

'따라서 니코틴 중독이 되면 니코틴 수준이 떨어질 때 긴장, 초조, 불안 등의 증상이 일어날 수 있다.'

'중독은 아무리 해도 질리지 않는 충동이나 욕망이고 어떤 행동이나 물질에 대한 갈망이며, 어떤 행동을 하는 도중 분비되는 화학적 정신적 호르몬에 대한 의존이다.'

'중독자는 중독 행동 외에 다른 것을 별로 생각하지 않는다.'

니코틴에 중독된 킴은 한번은 두달 정도로 금연 껌을 씹었는데 자신의 의지로 안되니까 흡연에 대한 자기 합리화를 만든다.

스트레스가 쌓이면 담배라도 피워야 해소된다는 착각을 한다.

군인 생활 때부터 시작했으니 습관이 되어 금연이 어렵다는 변명을 한다.

작심 삼일로 끝나는 것이 금연이다.

인간 내면의 신체적, 심리적 본성을 사로 잡는 중독을 이겨내려면 자신의 습관을 통제할 수 있어야 한다.

금연의 동기 부여를 만든다.

금연해야 하는 이유를 확고하게 정한다.

담배를 피우고 싶다는 욕망이 없어질 때까지 자신에게 손실이 아닌 이익에 투자하는 것이라고 생각해야 한다.

과음하지 않는 습관이 건강을 지킨다

"내가 델리 가게를 하면서 처음에는 손님들이 샌드위치와 맥주를 사는 것을 보고 '왜 음료수를 안 사고 맥주를 사지?' 의아해 했는데 그들에게는 맥주 마시는 것이 음료수와 같은 역할을 하기 때문이다.

과음하지 않으면 일상 생활에 지장이 안된다는게 일반적인 상식이다." 그러나 일부는 타국에서 살면서 겪어야 하는 다른 문화와 언어, 고국에서 배운 학력과 경험으로는 제대로 인정받지 못하는 데서 오는 실망감, 주위 사람들과 함께 어울리지 못하는 데서 오는 외로움, 우울함 그리고 사회 생활, 사업 문제, 가정 문제 등에서 오는 스트레스를 풀기 위해 술을 마시며 마음을 달랜다.

문제는 스트레스, 불안, 정서적인 고통 등의 수위가 높아지고 그런 부정적인 감정들로 부터 벗어나기 위해 술을 마신다.

그들이 지니고 있는 낮은 자아심, 근심 걱정이 많은 사람, 죄의식과 수치심으로 많은 사람들이 고통을 잊기위해 과음과 폭음을 하게 되면서 중독되기가 쉽고 그로 인해 건강 문제, 사회적, 경제적 문제가 발생한다.

대중 문화를 통해 음주는 재미있고 매력적인 행위로 포장된다.

물질 남용 환자들을 치료하는 임상 심리학자인 케리 윌컨스 박사는 '계속해서 술을 마시지 않으면 무언가 큰 재미를 놓치는 거라는 암묵적인 신호를 보내는 것' 이라고 설명했다. 또한 '나이가 들고 가정과 일에 대한 책임감이 커지면서 순간적인 스트레스 해소를 위해 술을 찾게 된다.' 그러나 독일 속담에 '술이 만든 친구는 그 술처럼 하룻밤 뿐이다.'라고 했다.

알코올에 의존하면서 만나는 인간 관계는 믿음과 신용이 없는 그날 하루의 술친구일 뿐이다.

앨릭스 코브는 '사람들과 상호 작용하면 통증과 불안, 스트레스가 줄어들고 기분이 좋아진다.'고 말했다.

기분이 좋아지는 것은 술이 아니라 친구, 가족, 그리고 모르는 사람들과 대화하며 함께 그 공간에 있기 때문이다.

그 중에서 한 사람이라도 나에게 행복감을 준다면 그날은 나 자신을 위한 최고의 날이 될 것이다.

불확실한 도박 행위를 멈추기 위해 집착을 버린다

'모든 것이 익숙하지 않은 타국 생활에서 오는 불안과 스트레스를 이유로 어떤 환경이 계기가 되어 도박을 접하게 되면 자신이 중독되어 가는 사실을 숨기면서 자신만의 희열감, 쾌락만을 쫓아 방황하면서 물질적, 정신적, 육체적으로 감당하기 힘든 나날을 보낸다.

스몰 비지네스에는 관심이 없어지고, 카지노, 게임 등에만 정신이 쏠려있으니 늘 얼굴에 핏기가 없고 찌그러진 얼굴, 화가 나있고,무엇에 홀린듯 정신이 나간 행동을 하면서 이제껏 자신이 쌓아온 것들을 하나 하나 잃어가는 무서운 도박병에 걸려 하루 하루를 위태롭게 보낸다. 집, 직장, 친구, 그리고 열심히 일하고 있어야 할 건강했던 자신까지 잃어가고 있으며 도박을 통해 지옥을 경험한다.

고된 타국 생활을 극복하고 살아가는 그 가족에게도 분노, 고통, 상처, 절망, 한숨, 눈물, 우울증, 안정감의 결핍, 미래에 대한 불안, 희망과 용기를 잃게 만든다.'

미국 정신 의학 협회에 의하면 '병적인 도박 행위란 도박을 자제할 수 없는 상태를 말하며 도박에 지나치게 빠지면 인간관계에 금이 가거나 심리적 정신질환(우울증 등), 금전적인 문제, 직장 문제, 법적 문제, 약물 사용, 건강 악화, 불안감, 공격성, 자살 위험, 대인 관계 문제, 스트레스 관련 질병 등 많은 문제가 생기고 의사 결정 능력과 판단하는 능력이 떨어진다.'

'병적 도박은 도박에 집착한다.'

'점점 더 많은 돈을 걸고 도박을 하려는 욕구가 있다.'

'도박을 중단하려고 하면 불안하거나 초조해진다.'

'돈을 잃으면 만회하기 위해 다음날 또 간다.'

'일자리 등이 위태로워진다.'

'절망적인 재정 상태에서 가족에 의존한다.'

국립 도박 영향 연구 위원회가 작성한 그 보고서에는 이렇게 기술한다. '강박성 도박자의 자녀들은 흡연, 음주, 마약 사용과 같은 비행을 저지르게 될 가능성이 더 높다.' '문제 도박자나 병적 도박자가 될 위험성도 더 높다.'

그 보고서에서는 또한 '청소년들이 도박을 하면 성인들보다 문제 도박자나 병적 도박자가 될 가능성이 더 높다.'고 경고한다.

도박병은 혼자서 치유할 수가 없으므로 가족의 무한한 지혜와 헌신, 사랑, 신뢰, 희망, 용기 등이 필요하다. 밝은 모습으로 대화를 나눈다.

상대방의 마음을 편안하게 해준다. 상대방의 장점, 행복했던 일들, 고된 타국 생활의 극복 이야기 등을 한다.

상대방을 위로, 이해, 설득, 용서, 믿음을 확인한다.

마약은 뇌에 데미지를 준다

"델리 가게에서 함께 일하던 죤은 부지런하고, 밝고, 명석하고, 센스가 있고, 손님에게도 친절해서 함께 일하는데 많은 도움을 주는 젊은 청년이었다.

이웃 동네에 집이 있고, 첫 인상이 건강해 보이고 성격도 좋다고 생각했다.

어느날 많이 지치고 우울한 얼굴로 다음 달에 '후로리다'로 이사를 간다고 한다.

너무 서운해서 '무슨 일로 갑자기?'라고 물으니 '그 곳에 가족이 있다'고 한다.

그 후에 알게 되었는데 마약 복용으로 일을 할 수 없었던 것이다.

항상 얼굴 표정이 밝지 않고 어떤 혼란에 빠져있는 것 같은 행동과 점심 시간에는 가게에서 멀지않은 집에 가느라 가게를 비우곤했다."

올리버쌤은 '미국에서 마약은 정말 큰 사회 문제다.'

'원래도 문제였지만 지금은 더 심각해졌다.'

'미국인이 너무 개방적이라 마약에 중독된 것이라고 생각할 수도 있다.' '미국의 마약 중독이 심각해진 이유로 의료계의 무분별한 처방을 언급했다.'

미국은 이에 대해 제도적인 정비를 모색하고 있다.

올리버쌤은 '마약을 하면 고통을 느끼는 부분이 마비돼 기분이 좋아지지만, 복용을 멈추면 작은 고통도 크게 느끼게 된다.' '그래서 약을 먹지않고서는 정상적인 생활을 할 수가 없다.'라고 마약에 중독되는 이유를 설명한다.

또 올리버쌤은 '마약을 과다 복용하게 되면 뇌 기능이 아예 멈춰 숨을 쉴 수 없다.'고도 설명했다.

'미국이나 세계의 모든 나라 뿐만 아니라 우리 이민자들의 이민 사회에서도 마약문제는 사람들이 생각하는 것보다 훨씬 심각하다.

그들은 자기 만족과 자존심을 충족시키는 지름길이라며 마약을 이용하고 있다. 그러나 그들은 우울과 타락, 의존과 절망의 피해자로서 결국 좌초되고 만다.

마약을 복용하는 사람들은 인생에 있어서 모든 나쁜 소식으로 부터 도망치려고 한다.'

'마약은 신체적인 데미지를 준다.'

'특히 뇌에 데미지를 준다.'

'회복을 해도 제대로 제정신을 가지고 살기가 힘든 경우가 많다.'

'그래서 마약 중독은 미리 예방하는 것이 중요하다.'

'정신력만 가지고 마약 중독을 뿌리 뽑을 수는 없다.'

'반드시 전문가의 도움이 필요하다.'

'몸과 마음을 피폐하게 만들고 심신을 부정적으로 변화시킨다.'

'금단 현상은 위험하고 때로는 목숨까지 위험할 수 있다.'

'마약 중독을 이겨내고 있을 때에는 반드시 의료진과 상담하는 것을 잊지 말아야 한다.'

성경에서
'두려워 말라 내가 너와 함께 함이라.'
'놀라지 말라 나는 네 하느님이 됨이라.'
'내가 너를 굳세게 하리라.'
'참으로 너를 도와 주리라.'
'참으로 나의 의로운 오른 손으로 너를 붙들리라.'
(이사야 41 : 10)

쇼핑으로 기분 전환이 되지 않는다

직장 생활, 가족 문제 등으로 스트레스를 받으면 쇼핑을 즐기는 사람이 있다. 구입할 때의 기분은 우울감이 사라지는 것 같지만 문제가 없어지는 것은 아니다. 자신감을 얻을 수도 없다. 외로움과 불안, 좌절과 슬픔이 안정으로 바뀌지 않는다.

분노가 사라지지도 않는다. 쇼핑 중독이 되어가면 경제적인 문제를 회복할 수 없게 된다. 삶의 의미를 잃게 되고 상실감은 더욱 커져간다. 쇼핑 뒤에 남는 것은 죄책감이다.

도넬라 매도르는 '사람들은 정체성, 공동체, 도전 의식, 사랑 그리고 기쁨을 필요로 한다. 이런 모든 필요를 물질만으로는 절대로 만족시킬 수 없다. 물질적 욕망 뒤에는 정신적 공허함만이 남을 뿐이다.'라고 했다.

일상 생활에서 스트레스를 많이 느낄 때 좋은 습관으로 풀어간다.

자신의 삶의 중심이 흔들리고 있을 때 타인의 도움을 얻는다.

정신적으로 건강한 사람은 문제를 해결할 에너지가 생긴다.

쇼핑 중독을 일으키는 문제들을 과감하게 내 머리속에서 지워버리자.

삶의 길목에서

우울한 삶이 이어질 때
우리에게 주어진 것은 그것이 전부가 아니라는 것을
그 삶이 아니기에
깨어나도록 노력해야 함은
긴 것 같으면서 짧은 삶의 언덕을 오르고
그리고 내려가야 하기 때문이다.

그러기에
증오보다는 사랑을
슬픔보다는 기쁨을
분노보다는 인내를
절망보다는 희망을 갖으며

무가치에서 가치를 찾아내고
무기력에서 기력을 만들어가고
할 수 없는 것에서 용기를 낸다.

우리를 가장 힘들게 하는 것은
온갖 유혹을 뿌리치지 못해
일어나는 모순된 삶의 결과인 것을
깨우칠 때는 이미 늦어버려
마음의 병이 된 후에야 후회한다.

길지 않은 삶의 길목에서
우리의 마음을 평안하게 해주자
우리의 몸과 마음을 즐겁게 해주자
우리의 몸과 마음을 행복하게 해주자
우리의 몸과 마음을 건강하게 해주자
몸도 기쁘고 마음도 기쁨이 넘치게 !

우울함을 극복할 용기

초판 1쇄 발행 2019년 7월 24일

지 은 이 정(김)용자
펴 낸 곳 약업신문사
펴 낸 이 함용헌

등록번호 제1976-000004호
등록일자 1976년 4월 20일

주 소 서울시 용산구 청파로 295-1 (청파동2가)
전 화 (02)3270-0114
팩 스 (02)3270-0139

값 14,000원
ISBN 978-89-7145-075-8